MÚSICA POPULAR BRASILEIRA HOJE

FOLHA
EXPLICA

MÚSICA POPULAR BRASILEIRA HOJE

ARTHUR NESTROVSKI (org.)

PUBLIFOLHA

Editor
Arthur Nestrovski

Editor-assistente
Paulo Nascimento Verano

Assistência editorial
Marcelo Ferlin Assami

Capa e projeto gráfico
Silvia Ribeiro

Assistência de produção gráfica
Soraia Pauli Scarpa

Revisão
Mário Vilela

Editoração eletrônica
Picture studio & fotolito

Dados internacionais de Catalogação na Publicação (CIP)
(Câmara Brasileira do Livro, SP, Brasil)

Música popular brasileira hoje / Arthur Nestrovski (org.). –
São Paulo : Publifolha, 2002. – (Folha explica)

Vários autores.
Bibliografia.
ISBN 85-7402-405-8

1. Música popular – Brasil 2. Música popular – Brasil – História e crítica I. Nestrovski, Arthur. II. Série.

02-3901 CDD-781.630981

Índices para catálogo sistemático:
1. Brasil : Música popular 781.630981
2. Música popular brasileira 781.630981

PUBLIFOLHA
Divisão de Publicações do Grupo Folha

Al. Barão de Limeira, 401, 6° andar, CEP 01202-001, São Paulo, SP
Tel.: (11) 3224-2196/2202/2205 – Site: www.publifolha.com.br

Os leitores interessados em fazer sugestões podem escrever para Publifolha no endereço acima, enviar um fax para (11) 3224-2163 ou um e-mail para publifolha@publifolha.com.br

SUMÁRIO

APRESENTAÇÃO 11

ADRIANA CALCANHOTTO .... *João Bandeira* 18

ALCEU VALENÇA .... *Adriana Pavlova* 21

ALDIR BLANC .... *Sérgio Alcides* 24

ALTAMIRO CARRILHO .... *Cynthia Gusmão* 27

ANDRÉ MEHMARI .... *Irineu Franco Perpetuo* 30

ANTONIO NÓBREGA .... *Renato Janine Ribeiro* 33

ARNALDO ANTUNES .... *Alice Ruiz* 36

ARRIGO BARNABÉ .... *Fernando de Barros e Silva* 38

BEBEL GILBERTO .... *Alcino Leite Neto* 42

BETH CARVALHO .... *Roberto Muylaert* 45

BRAGUINHA .... *Rodrigo Naves* 48

CAETANO VELOSO .... *Carlos Rennó* 51

CARLINHOS BROWN .... *Helena Katz* 54

CÁSSIA ELLER .... *Sérgio Dávila* 57

CHICO BUARQUE .... *Maria Rita Kehl* 60

CHICO CÉSAR .... *Edson Natale* 63

DEMÔNIOS DA GAROA .... *Fernando Paixão* 66

DJAVAN .... *Tárik de Souza* 68

DOMINGUINHOS .... *Myriam Taubkin* 70

DORIVAL CAYMMI .... *Lorenzo Mammì* 73

ED MOTTA .... *Manoel Beato* 75

EDU LOBO .... *Carlos Haag* 77

EGBERTO GISMONTI .... *Sidney Molina* 80

ELBA RAMALHO .... *Isabel Lustosa* 82

ELZA SOARES .... *Alvaro Machado* 85

ÉPOCA DE OURO .... *Renato Roschel* 88

ERASMO CARLOS .... *Lucia Santaella* 91

FERNANDA ABREU .... *Mônica Waldvogel* 94

FRANCIS HIME .... *Ruy Castro* 97

GAL COSTA .... *Yudith Rosenbaum* 100

GILBERTO GIL .... *Marcos Augusto Gonçalves* 103

GUINGA .... *Patricia Palumbo* 106

HELENA MEIRELLES .... *Gilson Schwartz* 109

HERMETO PASCOAL .... *Carlos Calado* 111

IRA! .... *Fernando Bonassi* 113

ITAMAR ASSUMPÇÃO .... *Maria Betânia Amoroso* 115

IVAN LINS .... *Edson Franco* 118

IVONE LARA .... *Samuel Araújo* 121

JAQUES MORELENBAUM .... *Heloisa Fischer* 124

JARDS MACALÉ .... *Celso Favaretto* 127

JOÃO BOSCO .... *Moacyr Scliar* 130

JOÃO DONATO .... *Zuza Homem de Mello* 133

JOÃO GILBERTO .... *Mario Sergio Conti* 136

JOHNNY ALF .... *João Carlos Rodrigues* 138

JORGE BEN JOR .... *José Geraldo Couto* 141

JORGE MAUTNER .... *Peter Pál Pelbart* 144

JOSÉ MIGUEL WISNIK .... *Noemi Jaffe* 147

LENINE .... *Pedro Alexandre Sanches* 150

LIA DE ITAMARACÁ .... *Silvana Arantes* 153

LOBÃO .... *Mauro Bedaque Ferreira* 155

LUIZ TATIT .... *Bernardo Ajzenberg* 158

LULU SANTOS .... *Amir Labaki* 162

MARCO ANTÔNIO GUIMARÃES
E UAKTI .... *Mauro Dias* 165

MARIA BETHÂNIA .... *Lya Luft* 168

MARINA LIMA .... *Carlos Eduardo Lins da Silva* 171

MARISA MONTE .... *Sergio Salvia Coelho* 174

MARLUI MIRANDA .... *Ana Miranda* 177

MAX DE CASTRO .... *Regina Porto* 180

MESTRE AMBRÓSIO .... *Sonia Sobral* 183

MILTON NASCIMENTO .... *Aimar Labaki* 186

MOACIR SANTOS .... *Sérgio Augusto* 190

MONARCO .... *Luiz Henrique de Toledo* 193

MÔNICA SALMASO .... *Renata Lo Prete* 196

MORAES MOREIRA .... *Heitor Ferraz* 198

NÁ OZZETTI .... *Eugênio Bucci* 201

NAÇÃO ZUMBI .... *Soninha Francine* 203

NAILOR AZEVEDO (PROVETA) E
BANDA MANTIQUEIRA .... *Cassiano Elek Machado* 206

NANA CAYMMI .... *Eliane Robert Moraes* 209

NANÁ VASCONCELOS .... *Antonio Gonçalves Filho* 211

NELSON AYRES E ORQUESTRA
JAZZ SINFÔNICA .... *João Luiz Sampaio* 214

NELSON SARGENTO .... *José Roberto Torero* 217

NEY MATOGROSSO .... *Lauro Lisboa Garcia* 220

OS CARIOCAS .... *Walnice Nogueira Galvão* 223

OS PARALAMAS DO SUCESSO .... *Mauricio Stycer* 226

OTTO .... *Bia Abramo* 229

PATIFE .... *Cássio Starling Carlos* 232

PAULINHO DA VIOLA .... *Nuno Ramos* 235

PAULO CÉSAR PINHEIRO .... *Pasquale Cipro Neto* 238

PAULO VANZOLINI .... *Livia Garcia-Roza* 241

PENA BRANCA .... *Paulo Nascimento Verano* 244

PINDUCA .... *Samuel Titan Jr.* 247

RACIONAIS MCs .... *Mario Cesar Carvalho* 249

RENATO ANDRADE .... *Marcos Marcondes* 251

RENATO BORGHETTI .... *Juarez Fonseca* 253

RIACHÃO .... *Paquito* 256

RITA LEE .... *Milton Hatoum* 258

ROBERTO CARLOS .... *André Singer* 261

RPM .... *João Gabriel de Lima* 264

SEPULTURA .... *Lúcio Ribeiro* 267

SEVERINO ARAÚJO E
ORQUESTRA TABAJARA .... *Luís Nassif* 270

SKANK .... *Michele Borges da Costa* 273

TITÃS .... *Roberto Ventura* 276

TOM ZÉ .... *Inês Bogéa* 279

TRIO MOCOTÓ .... *Israel do Vale* 281

VITOR RAMIL .... *Celso Loureiro Chaves* 284

YAMANDÚ COSTA .... *Oscar Pilagallo* 287

ZECA BALEIRO .... *Nelson de Oliveira* 290

ZECA PAGODINHO .... *Xico Sá* 293

ZIZI POSSI .... *Apoenan Rodrigues* 295

ÍNDICE ONOMÁSTICO 298

SOBRE OS AUTORES 306

Música. Do grego *mousikós* (dórico *mousika*), "que diz respeito às musas".

Popular. Do latim *popularis*, "do povo", de *populus*, "conjunto de cidadãos (opõe-se ao mesmo tempo ao Senado e à plebe)".

Brasileira. De "Brasil", etimologia variada. Entre outras hipóteses, a palavra viria do provençal *brezill*, "coisa fragmentada".

Hoje. Do latim *hodie*, de *hoc die*, advérbio, "neste dia".

Fonte: *Dicionário Houaiss da Língua Portuguesa* (2001).

APRESENTAÇÃO: NA ZOEIRA DA BANGUELA

Uma das autoras deste livro, Maria Rita Kehl, costuma dizer que tem dupla cidadania: a brasileira e a da música popular brasileira. A frase multiplica-se em mil ecos, ressoando pelas cavernas da consciência da maioria de nós – de todos nós que, pelos motivos mais variados, e com a devida dose de ambivalência, nos descrevemos como "brasileiros". Vivemos diariamente em dois países: alguns minutos com intensidade, com imaginação, com despregamento, na música popular brasileira; o resto, no outro.

Esses dois países têm quase tudo em comum; mas o primeiro transcende o segundo, fazendo dele um ponto de partida para a construção da nossa república das letras, que é também das melodias, e explica o que o outro não sabe ouvir, em tons impossíveis de não ouvir. "Na zoeira da banguela" (como diz Lenine), "despencando da ladeira", quem não escuta essa "alma brasileira"?[1] E quem não sente o peso das aspas, maior ou menor segundo o grau de ironia do artista? E quem de nós pode deixar de aplicar, então, o melhor remédio do mundo para aspas?

Por tudo isso, não haveria tema melhor para comemorar a chegada ao volume 50 desta série, autodefinida como uma enciclopédia (para sempre em construção) de assuntos de todas as áreas, explicados "num contexto brasileiro". E mais, "uma enciclopédia de vozes também: as vozes que pensam, hoje, temas de todo o mundo [...] neste momento do Brasil". Nada mais justo que as vozes se voltem, agora, para as vozes que cantam – que explicam – que justificam o Brasil.

É bom esclarecer logo que o livro *não* é uma enciclopédia,[2] nem tem pretensão de definir um cânone da música popular brasileira hoje. Trata-se, menos sistematicamente, de uma antologia de 99 comentários, sobre 99 nomes da nossa música.[3] Na soma de assuntos, cria-se um panorama do cenário atual; mas o livro deixa de fora dezenas de compositores, cantores e instrumentistas que estariam aqui se o limite de tamanho fosse outro.

Na maior parte dos casos, a escolha dos nomes partiu dos próprios autores. Exceto quando houve

---

[1] "Jack Soul Brasileiro", em *Na Pressão* (1999).

[2] Mesmo porque já existe a *Enciclopédia da Música Brasileira – Erudita, Folclórica e Popular* (São Paulo: Art Editora/Publifolha, 3ª ed., 2000), com seus filhotes (*Erudita*, *Popular*, *Sertaneja* e *Samba e Choro*).

[3] Por que 99? Para evitar a ilusão de completude do 100. A vaga que resta deixa um espaço aberto para todos os músicos que acabaram não entrando: de Luiz Melodia a Martinho da Vila, de Elton Medeiros a Joyce, Virgínia Rodrigues, Zélia Duncan – cada leitor saberá preenchê-la com algum nome injustiçado. Cabe salientar que um dos critérios para inclusão no livro era que fossem artistas vivos (com a triste exceção de Cássia Eller, que morreu em dezembro de 2001, quando o trabalho já estava em andamento).

múltipla solicitação. Muita gente, por exemplo, pediu para escrever sobre Chico (a Rita levou). Em nome da soberania nacional, Nuno Ramos protestou contra a entrega de Caymmi a Lorenzo Mammì: "autor de um ensaio definitivo sobre João Gilberto, autor também de uma introdução antológica sobre Tom Jobim – e agora Caymmi?!" Mas quem poderia reclamar de escrever sobre Paulinho da Viola? (Nuno certamente não reclamou.) Pedro Alexandre Sanches perdeu, com isso, a oportunidade de escrever sobre Paulinho; mas quem poderia reclamar de escrever sobre Lenine? (Pedro certamente não.) O que tirou as chances de Maria Rita escrever sobre Lenine, mas essa não pode mais reclamar de nada.

"Quando penso no futuro, não esqueço meu passado", dizia o pai de Paulinho da Viola.[4] Os textos a seguir não contrariam a frase; mas, em boa medida, a invertem. Pensam no passado sem esquecer o futuro. Quer dizer: voltam-se para o que foi feito e procuram, a partir disso, imaginar caminhos para nossa música.

Num tempo não muito distante – "página infeliz da nossa história/ passagem desbotada na memória/ das nossas novas gerações"[5] –, a música popular foi uma reserva de resistência, em plena derrocada do humano. De lá para cá, as coisas mudaram muito; nem por isso as canções deixam de guardar seu sentido mais aberto e corajoso, perpetuamente relevante. A música popular brasileira é também uma de nossas reservas mais ricas de afeto, humor, sabedoria. E as coisas mudaram para melhor, sem dúvida, de 1964 para cá; mas ninguém pode dizer que já está bom.

---

[4] "Dança da Solidão" em *Dança da Solidão* (1972). Vale lembrar que "meu pai", no caso, é um músico e tanto: César Faria, violonista do conjunto Época de Ouro.

[5] "Vai Passar" (Francis Hime-Chico Buarque), em *Chico ao Vivo* (1999).

Entre os direitos inalienáveis que deveriam ser de todos nós, como diziam Jefferson e Adams há mais de dois séculos, estão a vida, a liberdade e a busca da felicidade. A vida é essa; a liberdade (pelo menos jurídica) existe. Já a busca da felicidade, no Brasil... como a felicidade é difícil. Por outro lado, existe a música popular brasileira.

Arthur Nestrovski

MÚSICA POPULAR BRASILEIRA HOJE

Rogério Casimiro/FI

ADRIANA CALCANHOTTO

Tem um jeito recorrente de ela deixar a nota às vezes escorregar em algum ponto da frase melódica. Não que seja um recurso exclusivo, nem o mais aparente. Mas esse glissando ocasional, dentro da emissão sempre clara da voz de Adriana Calcanhotto (1965-), é uma das passagens secretas por entre corredores lingüístico-melódicos que nos colocam em contato com as personagens de seu repertório, quase sempre instáveis, eroticamente pela metade, meio atordoadas mas ainda firmes em sua fragilidade.

Essa última característica não está apenas nas baladas-*hit* como "Naquela Estação" – seu primeiro sucesso, no início dos anos 90 –, "Metade" e "Vambora", ou nas reinterpretações de canções que marcaram a música radiofônica brasileira com Leno e Lílian, Roberto Carlos e Titãs. É mais uma espécie de princípio ativo de seu trabalho que também funciona ao inverso.

Pode-se falar de uma afirmatividade geral, que procura sempre que possível a evidência – exemplar em "Senhas" ou "Por Que Você Faz Cinema?", mas que se espraia para além dessa classe de composições-manifesto, por todo o repertório. Mirando o grau máximo da propriedade comum a todo canto: dar a ver o que nomeia. Porém, em função da colocação da voz, da letra, do arranjo, é uma afirmatividade raramente tranqüila, que possui, fechando o círculo, algo de frágil em sua firmeza.

A eficácia com que tudo isso chega até nós tem a ver com a insistência de Adriana, a partir do segundo disco – de 1992, quando estava com 27 anos –, em lidar com poetas, compositores e músicos como Antonio Cícero, Waly Salomão, Péricles Cavalcanti e Sacha Amback, ainda que nela a autoria seja um dado determinante. Adriana faz as canções, define as interpretações, colabora nos arranjos e se responsabiliza pelo projeto gráfico de seus discos e pela direção geral de seus shows. Sempre equilibrando acabamento e risco, como se pulsasse com o arterial ligado em João Gilberto e o venoso em Nelson Cavaquinho.

Para não falar da habilidade que ela tem de tornar poemas, de famílias estilísticas diversas, às vezes inimaginavelmente musicáveis (como "A Fábrica do Poema", de Waly), em canções fluentes. O que nos leva ao assunto das citações de escritores, músicos, pintores e outros artistas no trabalho dela. Se algo de especial há nisso, não é a filiação, mas a irmanação: a capacidade que sua música tem de nos induzir a olhar não para eles, mas com eles e ela, na direção daquela abertura infinita que espera e reclama (como dizia Cortázar – que não está, mas poderia tranqüilamente estar, entre os citados), ora parando para pensar na letra ou reparando só na sonoridade da voz e dos instrumentos, ora sentindo uma coisa sem nome, vontade à-toa de dançar, súbita alegria ou orfandade primeva, lembrança pessoal muito significativa ou sede de que tenhamos todos muito mais.

João Bandeira

Alguns discos: *Enguiço* (1990), *Senhas* (1992), *As Melhores* (coletânea, 1992), *A Fábrica do Poema* (1994), *Maritmo* (1996), *Público* (2000), *Perfil* (coletânea, 2001). **Site:** www.adrianacalcanhotto.com.br

Roosevelt Cassio/FI

ALCEU VALENÇA

Nordestino globalizado, forrozeiro mouro, poeta performático, mambembe multimídia, sertão carioca, rock-frevo, maracatu-pop, zabumba-guitarra... Em Alceu Valença, os extremos têm sabor de qualidade. O pernambucano da pequena São Bento do Una, nascido em 1946, que ganhou o mundo transformando impensados encontros sonoros em algo possível, é um músico muito acima de qualquer rótulo massificante. Alceu protagoniza uma mescla de escolas e estilos, fazendo da antropofagia cultural a mola de sua intensa produção cancioneira.

Desde os anos 70, Luiz Gonzaga e Jackson do Pandeiro, interior e litoral, lamentos, xaxados, baiões, poesia, banda de pífanos, forró-rock saem de mãos dadas da cartola multivariada desse cinqüentão antenado: raiz e modernidade. Como o herói de Cervantes, nosso autoproclamado Dom Quixote nunca se dobrou a modismos e imposições mercadológicas de gravadoras, mas nem por isso foi esquecido num canto qualquer das discotecas. Se quem foi ao Rock in Rio 1, em 1985, ainda se lembra do cantor performático que levantou uma multidão para vingar, no meio da gringada importada, o som *brasilis*, hoje Alceu continua fazendo bonito nas pernas da garotada do forró pé-de-serra e reverberando na geração dos Mestre Ambrósio e do *mangue beat*.

Do passado de advogado, guardou o gosto por um bom discurso. Não é à toa que seus shows têm jeito de circo pós-moderno, de festa do interior com sotaque globalizado. Intérprete ideal de suas canções, Alceu faz da cantoria lente de aumento de tudo que vê e sente, nunca deixando suas composições caírem no vazio do pop digerível e indo parar na boca de grandes, como Bethânia ou Elba.

No Rio, cidade em que escolheu viver ainda nos anos 70, descobriu Geraldo Azevedo, com quem fez o primeiro disco, batizado com o nome da dupla. De lá para cá, criou muitas invenções sonoras, numa ponte interminável entre Pernambuco e o Sudeste, com passagens por Paris e Montreux. Os primeiros sucessos de artista popular, "Coração Bobo" (1980) e "Tropicana" (1982), o carregaram para o mundo, mas antes disso Alceu chegou a subir no lombo de um elefante para driblar a falta de fama e lotar seus shows. Foi para o cinema, em *Noite do Espantalho*, de Sérgio Ricardo. Seguiu revitalizando os sons regionais em discos como *Estação da Luz* (1985). E ainda se juntou a Elba, Geraldo Azevedo e Zé Ramalho no show-disco *O Grande Encontro*, de 1996.

Fez poemas em forma de canção como "Na Primeira Manhã" (1980) ou, dez anos depois, "Tomara". No recente *Todos os Cantos* (1999), apresenta uma boa junção de seus muitos passeios sonoros, de "Tropicana" a "Como Dois Animais", "Belle de Jour" e "Anunciação". Todas são retratos perfeitos de suas letras bem trabalhadas e da espontaneidade cultivada. Na linda "Anunciação", proclama: "Na bruma leve das paixões que vêm de dentro/ Tu vens chegando para brincar no meu quintal/ No meu cavalo peito nu, cabelo ao vento/ E o sol quarando nossas roupas no varal/ Tu vens".

Alceu tem música para tudo. Para dançar, para cantar, para rir e para chorar.

Adriana Pavlova

Alguns discos: 7 *Desejos* (1992), *O Grande Encontro* (1996), *Forró de Todos os Tempos* (1998), *Todos os Cantos* (1999), *Forró Lunar* (2001). **Site:** www.alceuvalenca.com.br

Divulgação

ALDIR BLANC

A malícia de Aldir Blanc é onde a poesia da letra de música mais se aproxima da poesia de livro, nas gerações posteriores a Vinicius de Moraes. Isso não o faz melhor nem pior do que outros grandes letristas, como Chico Buarque, Caetano Veloso e Gilberto Gil (porque é exatamente a essa alta constelação que ele pertence). Mas é sua marca distintiva, nem sempre reconhecida. A letra de Blanc se escreve (e canta) num ponto de convergência entre duas tradições: de um lado, a poesia moderna; de outro, o samba. E essa composição só seria possível na zona norte do Rio, onde nasceu (em 1946), longe dos apartamentos e barquinhos da bossa-nova.

Há muito do sarcasmo oswaldiano nas cenas populares vistas em canções como "Siri Recheado e o Cacete" ("no tapa a minha patroa espantou três sereias") e "Kid Cavaquinho" ("Genésio!/ A mulher do vizinho/ Sustenta aquele vagabundo!").[6] Outra referência é a bandeiriana, porque várias de suas letras também são tiradas "de uma notícia de jornal": "Tá lá o corpo estendido no chão./ Em vez de rosto uma foto de um gol" ("De Frente pro Crime"). E ainda se nota o (mau) humor drummondiano, na mistura de lirismo e ironia que lhe é tão característica. Sobretudo no que toca ao amor – "é um falso brilhante,/ é um disparate" ("Falso Brilhante") – e à solidão do indivíduo, como o pobre *Latin lover* que morre "sem revólver, sem ciúmes, sem remédio,/ de tédio" ("Latin Lover"). E não só nessas velhas canções feitas com João Bosco, mas também na parceria mais recente com Guinga: "Como disse Drummond (mas que epopéia!),/ 'essas flores no copo de geléia'/ me alucinam" ("Canção do Lobisomem"). A precisão cabralina aparece instigada pelas vanguardas dos anos 50/60, no experimentalismo de letras como as de "O Ronco da Cuíca" ("A fome tem que ter raiva pra interromper./ A raiva é a fome de interromper") e "Escadas da Penha" (com coisas que viram verbos: "Penha/penou", "vela/velou", "nega/negou", "anjo da guarda/guardou"). Mas toda essa biblioteca é aqui refundida nas rodas de samba e em seu repertório: Donga, Geraldo Pereira, Wilson Batista, Noel Rosa e outros.

Tal arranjo impediu que Blanc, nos anos mais engajados da ditadura, caísse no messianismo bom-mocista apontado por Walnice Nogueira Galvão em outros gigantes da MPB (*Saco de Gatos*, 1976). Basta citar "O Ronco da Cuíca" e "Quilombo" ("pedra pá jogá/ faca pá amolá/ água pá fervê"). Isso explica a força que ainda têm dois hinos da resistência aos ge-

---

[6] Todas as composições citadas são de João Bosco e Aldir Blanc, com exceção da "Canção do Lobisomem", parceria de Aldir Blanc com Guinga.

nerais: "Mestre-sala dos Mares" e "O Bêbado e a Equilibrista". A proximidade com o samba delimita um imaginário da malandragem, do subúrbio, do crime, das comidas, do sexo. Do outro lado, a poética modernista espanta os eufemismos, valoriza a gíria e o palavrão. As duas coisas sustentam a extraordinária habilidade do poeta para a narração. Às vezes, ele trata do desconsolo *kitsch* da massa, como em "Miss Suéter". E, às vezes, de líderes do povo – como o "reizinho nagô" de "Tiro de Misericórdia". Já extensa, sua obra se assemelha a um ciclo de rapsódias, que reúne uma rica mitologia da cultura brasileira, cujos heróis "são pais-de-santo, paus-de-arara, são passistas,/ são flagelados, são pingentes, balconistas" ("O Rancho da Goiabada"). Leonor, Genésio, Margô e Anescar são figuras do nosso patrimônio simbólico, e as histórias de Blanc nos ajudam a criar uma memória coletiva brasileira e livre. E o melhor: sem a menor sombra de oficialismo nacional.

Sérgio Alcides

Alguns discos: de João Bosco, *Caça à Raposa* (1975), *Tiro de Misericórdia* (1977), *Bandalhismo* (1980); de Guinga, *Delírio Carioca* (1993); de Moacyr Luz, *Vitória da Ilusão* (1994); de Leila Pinheiro, *Catavento e Girassol* (1996).

Márcio Pena

ALTAMIRO CARRILHO

Altamiro Carrilho é vitalidade pura, e sua flauta é lenda. Nascido em 1924, com 15 anos veio lá do norte do estado do Rio de Janeiro, foi morar em Niterói. Veio das bandinhas que, pequeninas, sacudiam as tardes ensoladas de domingo. Tocava tarol na Lyra de Arion – Arion foi aquele que, com seu canto, encantou os golfinhos gregos. Mas os ouvidos atentos de criança talvez já escutassem um canto mais nativo: não eram os primeiros habitantes que sopravam aquelas *frautas*? E uma flautinha de bambu roçava-lhe os dedos. No Rio, a tradição da flauta era forte, desde o século 19, com Calado e Patápio. Agora, Pixinguinha e Benedito Lacerda. Não era pouco.

Altamiro foi cedo para o pódio. Ganhou concurso flauteando em programa de Ary Barroso. Como sabia improvisar bem, foi logo sendo disputado pelos grupos musicais. (Viria a se tornar um registro vivo da época de ouro da rádio brasileira, depois de ter passado por Tamoio e Tupi.) Integrou o Regional do Canhoto a partir de 1951. Com eles, acompanhou Orlando Silva, Silvio Caldas, Vicente Celestino – não é à toa que Altamiro é grande contador de histórias! Em 1955, fundou a famosa Bandinha do Altamiro, colocando em evidência uma das mais autênticas formações instrumentais brasileiras, aquela feita para os espaços públicos, ao ar livre, que dá tanta saudade... Na banda, tocavam flauta ou flautim, acordeom, pistom, clarinete, tuba e percussão. Ganharam um programa na TV Tupi, marcando época com um maxixe de Altamiro que foi um sucesso só: "Rio Antigo".

Pouco tempo depois, Altamiro deixou o Regional do Canhoto. E não parou de crescer. Foi crescendo, virou um gigante. Um gigante com uma flautinha delicada nas mãos, que nas últimas décadas o mundo inteiro quis ouvir: Japão, EUA, África, Europa. Na Alemanha, Altamiro não deixou por menos: apresentou Mozart. Na antiga União Soviética, foi considerado o melhor solista de flautim do mundo.

No período da censura sistemática às letras dos compositores brasileiros, durante a ditadura militar, a música instrumental, que andava um tanto esquecida, voltou à cena. O choro conquistava uma nova geração. Em um dos grupos de maior destaque, a Camerata Carioca, estaria um sobrinho de Altamiro, Maurício Carrilho, um dos mais importantes pesquisadores do choro nos dias atuais.

Altamiro, hoje, quase aos 80, continua ágil na flauta e no pipocar pelos tantos cantos do mundo. O choro virou *Brazilian jazz*, entrou para a categoria *world music*. Quem diria... E Altamiro compõe, improvisa, chora, freva, maxixa, samba. E ainda ensina a chorar neste Brasil de pouco estudo. É um tesouro completo brasileiro.

Cynthia Gusmão

Alguns discos: *Altamiro Revive Patápio* (1957), *Altamiro Carrilho e Ulisses Rocha* (1993), *A Flauta Maravilhosa* (1996), *Encontro de Solistas* (1999). **Site:** www.altamirocarrilho.hpg.com.br

Teresa Maita

ANDRÉ MEHMARI

O conceito que fazemos de um virtuose, via de regra, tem dimensão mais muscular do que intelectual. Especialista em saltos mortais sem rede de segurança, o virtuose deixa a respiração do público em suspenso ao executar façanhas que parecem desafiar as leis da física, disposto a sacrificar a vida, ou a música, pelo aplauso imediato.

Visto por esse prisma, André Mehmari não corresponde exatamente à imagem usual de um virtuose. Não que esse pianista – que em 2002, aos 25 anos, já acumula prêmios como o Visa de MPB e o Nascente da USP – tenha algum tipo de dificuldade técnica ao seu instrumento; mas o virtuosismo que nele impressiona é de ordem mental.

Habitado, desde a infância, por influências de vão de Monteverdi a Berio, passando por Milton Nascimento, Duke Ellington, Ravel e Stravinski (do qual ele tem todas as partituras), seu cérebro musical, ao realizar as improvisações para as quais tem incrível facilidade, combina e reinventa esses autores, com o mais inesperado bom gosto e um humor gratificante. Ao ver a desenvoltura no teclado de um pianista requisitado, que participou de festivais como o Chivas e o Heineken (em São Paulo), é difícil acreditar que Mehmari tenha aprendido o instrumento praticamente como autodidata – mesmo caminho que o habilitou a tocar viola, flauta, clarinete, contrabaixo e quase tudo o que lhe caiu nas mãos.

Menino-prodígio, aos 15 anos de idade, em Ribeirão Preto, já tinha cerca de 200 composições. Mudou-se para São Paulo, entrou na USP e começou a escrever trilhas para publicidade, de onde tira o dinheiro que lhe permite não fazer concessões comerciais na carreira.

Com parceiros musicais de peso, como Proveta, Tutty Moreno ou a cantora Mônica Salmaso (em duo que expande as possibilidades da formação, ao subverter a tradicional subordinação do acompanhamento à voz), Mehmari representa um novo projeto para a música brasileira, uma recriação de nossa tradição popular com o alto padrão de execução da música erudita, mas sem perder jamais a ginga, ou fazer "samba de branco".

A chave para entendê-lo, como intérprete ou arranjador, é a polifonia. "O contraponto é o ar da música", diz. "Sem ele, ninguém respira." E é justamente o entrelaçamento de linhas melódicas independentes que faz o charme e a grandeza dos arranjos de Mehmari – caso, por exemplo, de suas criações para a Orquestra Experimental de Repertório, ou para o encontro da Osesp com a Banda Mantiqueira (no concerto de fim de ano em 2000).

Como se não bastasse, Mehmari ainda tem uma carreira respeitável de compositor "erudito", tendo escrito, além de balés, peças de câmara para grupos como Sujeito a Guincho e Quinteto Villa-Lobos. Com uma arrojada *Sinfonia Elegíaca* em quatro movimentos, com uso de fita magnética, venceu também, em 2001, o concurso nacional de composição "Sinfonia Para Mário Covas".

Irineu Franco Perpetuo

Alguns discos: *Canto* (2002), *André Mehmari, Celio Barros, Sérgio Reze* (s/d [2002]); *Odisséia* (com Celio Barros e Sérgio Reze, 1999); Gil Jardim, *Soprador de Vidro* (1998); Tutty Moreno, *Forças d'Alma* (1999); *Vencedores do Prêmio Visa de MPB Instrumental* (com Celio Barros, 1998).

Lenise Pinheiro/FI

ANTONIO NÓBREGA

"Sou pataxó, sou xavante, cariri..." Um português de arma na mão chega para me pegar, "o Brasil vai começar": Antonio Carlos Nóbrega se coloca, em "Chegança", na posição do índio que vê chegarem as caravelas. Nesse grau zero do país, principia o mal, findando o idílio em que o povo dono da terra vivia em abundância. Começa o Brasil, a injustiça, a infelicidade. Mas também termina a pureza étnica indígena e começa o que somos nós, povo mestiço – e Nóbrega é a favor de nós, brasileiros.

Não há vergonha em dizê-lo nacionalista. Sua vida de artista deslanchou em fins de 1970 com o Quinteto Armorial, criação de Ariano Suassuna, o maior, hoje, dos escritores fãs do Brasil. Suassuna queria recuperar a imagem como emblema e, mais que isso, o mito. Toda cultura tem forte base afetiva, engata Nóbrega, e é pena que a arte do século 20 seja tão conceitual. Mergulhar na imagem, no povo e no Nordeste é um modo de devolver à cultura a densidade afetiva que ela precisa ter, sua razão de ser, seu elo com a sociedade.

A colaboração com Suassuna explica algo típico do Nordeste, a mistura de linguagens – música e dança, circo e palavras, erudito e popular. Daí um paradoxo: parte do jornalismo cultural, nisso anexado pelos seus congêneres econômico e político, vê o nacionalismo (cultural, econômico ou político) como atrasado e retrógrado; mas nada é mais inovador do que a multimídia; ora, Nóbrega é a um tempo nacionalista e multimeios. Dança, canta, faz festa.

O cerne de sua obra é a festa. Seus discos valem em boa medida pelos espetáculos que evocam. Não são discos para a escuta só íntima, privada. Isso causa um problema: quem não viu Nóbrega e família em ação tem uma imagem parcial do que são e fazem. Sem o Teatro Brincante, algo falta. A música e a letra são ótimas, mas seu significado inclui um poder evocador, da alegria que lembremos ou sonhemos. Mas essa falta não é uma falha: evocar a rua, o picadeiro, é uma qualidade.

Com toda a forte presença popular em sua música, Antonio Carlos Nóbrega de Almeida (nascido em 1952), leitor de Guimarães Rosa e de Dostoievski, tem mais sucesso na classe média culta do que junto ao público das rádios comerciais, que o ignoram. Isso talvez se deva ao caráter de resistência que ele dá à sua arte. Retomando o caráter criativo do popular (o frevo inventa novos passos a cada ano, diz ele), esse pernambucano morador de São Paulo critica a indústria cultural ("E no entanto tenho uma vendagem de quase 30 mil discos, somente nos shows e nas lojas"), como se lê numa longa entrevista à revista *Continente Multicultural* (n. 14, fev. 2002).

É curioso que no Nordeste a fronteira do erudito com o popular seja mais permeável do que no Sul; que o Sul comercial não goste de nosso passado brasileiro; e que o Sul intelectual simpatize com ele. A obra de Nóbrega problematiza essas divisões, eis um de seus méritos.

Renato Janine Ribeiro

Alguns discos: *Na Pancada do Ganzá* (1995), *Madeira Que Cupim Não Rói* (1997), *Pernambuco Falando Para o Mundo* (1998), *O Marco do Meio-dia* (2000) e *Lunário Perpétuo* (2002).

Adriana Zehbrauskas/FI

ARNALDO ANTUNES

Música, vídeo, performances, shows, grafismos, intervenções, ensaios críticos e poesia. Poesia papel, poesia falada, poesia visual, poesia totem/escultura, poesia cantada. A concentração poética mais completa de sua geração. Vanguarda total em sua absoluta contemporaneidade.

Mil em um, multi-Arnaldos ocupando multiespaços. Talento que cabe inteiro em cada linguagem. Talento que não cabe em uma só linguagem. Talento para inventar/descobrir novas linguagens. Talento para explodir as linguagens existentes.

Natural que a primeira expressão fosse o rock. Tudo começou a vir à tona em 1982, com o primeiro álbum dos Titãs, grupo de rock rasgado e rascante em que, com seus parceiros de banda, Arnaldo Antunes (então com 22 anos) compunha, cantava, tocava e inaugurava outra forma de estar no palco, de fazer rock.

Natural que fosse mais que o rock. Sete álbuns e dez anos depois, uma nova explosão. Chocante para uns (os que ainda acreditam que não se mexe em time que está ganhando), absolutamente previsível para os mais atentos. Com toda essa multiplicidade querendo se expressar, Arnaldo inicia, em 1993, sua carreira solo. A coragem de ser um "sol a sós". E, como no princípio era o verbo, essa carreira se inaugura com *Nome*, show em vídeo, disco e livro. Três em um. Cada um por si. Algo nunca feito antes. Tripla coragem.

Aberta essa porta, abre-se o leque de parcerias. De parceiros antigos e novos, vale citar, entre tantos: Arrigo Barnabé, Arto Lindsay, Carlinhos Brown, Cazuza, Davi Moraes, Edgard Scandurra, Frejat, Gilberto Gil, João Donato, Jorge Ben Jor, Lenine, Marina Lima, Marisa Monte, Paulo Leminski, Péricles Cavalcanti, Roberto de Carvalho e, em todos os tempos, os Titãs.

Quase todos os ritmos brasileiros e ainda o rock saem de suas mãos, talvez porque, como ele mesmo diz em *40 Escritos* (2000), "o pé que dança decodifica melhor o recado". Sempre dizendo muito, de forma simples e, ao mesmo tempo, surpreendente: "O imprevisto é a prova mais linda da ordem natural das coisas" (*40 Escritos*). Arnaldo vive, cria, atua em busca de novas descobertas/possibilidades em tudo que toca. Por tudo isso, é exemplo de inovação, tocando a todos com o mesmo desejo de criar – embora, às vezes, pareça impossível ir além do que ele já inventou. Ainda assim, ele cria. E, em *Palavra Desordem* (2002), anuncia: "O impossível é um dever de todos."

Alice Ruiz

Alguns discos: *Nome* (1993), *Ninguém* (1995), *O Silêncio* (1996), *Um Som* (1998), *O Corpo* (trilha para balé do Grupo Corpo, 1999), *Paradeiro* (2001). **Alguns livros**: *As Coisas* (1993), *Dois ou Mais Corpos no Mesmo Espaço* (1997), *40 Escritos* (2000), *Palavra Desordem* (2002). **Site:** www.uol.com. br/arnaldoantunes/

Niels Andreas/FI

ARRIGO BARNABÉ

Onde andará Clara Crocodilo? A pergunta pela criatura funciona como premonição e pista para o destino do criador. Da explosão inicial de Arrigo Barnabé com "Diversões Eletrônicas", no festival da TV Cultura, em 1979, à consagração de *Clara Crocodilo* logo a seguir, em 1980, e daí ao quase ostracismo, em parte auto-imposto, que teve início ainda nos 80, há mais do que uma curva pessoal em jogo. O enredo do gênio abortado, no caso, parece ir além da biografia pessoal para dar testemunho histórico de certa inviabilidade brasileira.

Se hoje é necessário perguntar "Onde andará Arrigo Barnabé?", é também porque a profecia de *Clara Crocodilo* se cumpriu. À distância, é possível ver melhor: a procissão de horrores do entretenimento de massas de lá para cá, como a pautar o curso desastroso da cultura brasileira, por um lado, e a frustração histórica do país pós-redemocratização, da qual a decomposição acelerada da vida nas metrópoles é um dos sintomas mais gritantes, por outro, eram, afinal, as grandes questões anunciadas pela figura do monstro mutante. Decifro-te e me devoro – eis, na inversão da fórmula, a chave dessa obra inaugural.

Clara Crocodilo representou o momento mais alto da chamada vanguarda paulistana, da qual Arrigo e Itamar Assumpção foram os faróis. Aproximava esse grupo um tanto heterogêneo – em que se incluem Rumo, Premeditando o Breque e cantoras importantes como Ná Ozzetti e Vânia Bastos – a busca de uma saída inovadora para a canção popular, como se testasse os limites e a irrelevância da nova cultura de mercado, além da percepção crítica e bem-humorada dos clichês da tradição e do próprio país. A vanguarda paulistana foi um retrato em branco e preto da aquarela do Brasil.

No caso de Arrigo, sua força reside no encontro atritoso da música erudita da vanguarda dos anos 20 (o dodecafonismo de Schönberg, em particular) com a matéria-prima brasileira e contemporânea. Tal procedimento lembra e atualiza a mistura tropicalista, que já incorporara à MPB elementos da cultura pop que lhe eram estranhos, mas também a música de vanguarda paulistana dos anos 60, em particular as incursões de Rogério Duprat na música concreta, aleatória e eletrônica.

Arrigo parece ter no expressionismo do compositor Alban Berg (1885-1935), sobretudo o das óperas *Wozzeck* e *Lulu*, a sua matriz dramática. Misturada à estrutura narrativa dos gibis, a paródia da crônica policial de rádio e dos programas de auditório produz uma comicidade sombria quando submetida às tensões da música. O riso de quem ouve *Clara Crocodilo* é a todo instante amarelado por uma atmosfera próxima do intolerável. É como se, lançados num universo de fantasmagorias, medos, vertigens e labirintos, personagens e ouvintes fossem condenados a uma sensibilidade de tipo paranóico.

Se há uma imagem cara a *Clara Crocodilo*, é a da máquina de *flipper*, onde diversão e tédio, frenesi caótico e repetição mecânica se embaralham de modo perverso. Ícone do submundo, dos antros urbanos abandonados pelo progresso, a máquina de *flipper* funciona também como miniatura da alucinação da cidade e espelho da desordem interior dos que nela se perderam.

A obsessão pelo *kitsch* nessa música merece uma nota à parte. O balcão de fórmica vermelha, a calcinha imitando pele de leopardo, o *drink* no *drive-in*, as balas *collored* – há aí, nessa enumeração aleatória, um mosaico de referências que, sendo grotescas ou simplesmente cafonas, aspiram à elegância. É nesse descompasso que reside a sua graça. O leitor dirá se é exagerado vê-los todos como exemplos palpáveis de uma promessa de vida burguesa que desandou e degenerou em cortiço. *Clara Crocodilo* é a crônica sarcástica do encortiçamento da cultura e dos centros nervosos do país. Mais contemporâneo, impossível.

Embora tenha sido gravada apenas em 1980 (Arrigo tinha 29 anos), a canção-título "Clara Crocodilo" foi composta em 1972, ano em que Caetano Veloso fazia, em *Transa*, o balanço musical do exílio e dava forma artística à ressaca tropicalista. Ao ter identificado as contradições do país e explorado o convívio problemático do moderno com o arcaico, o tropicalismo, apesar de sua dimensão crítica e corrosiva, embutiu um projeto afirmativo e festivo de aposta no progresso e desprovincianização do país. Tendo o tropicalismo como sua maior referência, a música de Arrigo se projeta num horizonte diverso. Ele fala como um pós-tropicalista desencantado. Mais do que simplesmente implodir o formato da canção, como ele queria, sua obra anuncia, como um ponto de fuga, um colapso histórico de maiores proporções.

Fernando de Barros e Silva

Alguns discos: *Clara Crocodilo* (1980), *Tubarões Voadores* (1984), *Cidade Oculta* (trilha sonora, 1986), *Suspeito*, 1987, *Clara Crocodilo* (ao vivo, 1999). **Site:** www.mikkolee.hpg.ig.com.br/arrigo.htm

Janete Longo/FI

BEBEL GILBERTO

Existe uma música brasileira que não depende do Brasil para existir. Ou melhor, depende apenas do Brasil como mito musical, como memória de ritmos. Essa música vive sem o mercado e o público brasileiros, mas arrebata audiências exclusivas da Europa, dos EUA e do Japão. Sergio Mendes é o patriarca dessa tendência. Astrud Gilberto é a musa histórica. Bebel Gilberto é a mais nova estrela.

A bossa-nova, adaptada às correntes musicais em voga, é a linguagem privilegiada que os músicos utilizam para criar essa MBM, Música Brasileira Mundializada. Eles não têm grande preocupação em serem reconhecidos em seu lugar de origem, mas seu impacto no mercado da *world music* dos países desenvolvidos passou a ser calculado em pormenores pelos produtores.

É importante que cantem em português, na dengosa dicção brasileira, que lhes dá o selo de autenticidade, a marca da distância e da nostalgia. Mas é útil misturar o idioma original, de quando em quando, ao inglês, para assegurar a internacionalização.

Bebel Gilberto nasceu em 1966, em Nova York. Cresceu no Rio de Janeiro. Em 1991, voltou para Nova York. No Brasil, está longe de ser tão conhecida quanto seu pai e sua mãe, João Gilberto e Miúcha. Na França, porém, é uma celebridade. Seu CD *Tanto Tempo* foi uma febre no país em 2000. Vendeu mais de 200 mil exemplares. Foi parar na discoteca de celebridades, como Moby e Pedro Almodóvar. Todo um grande bloco da poderosa corporação artística, midiática e fashionista transnacional se reconhece na "new bossa" de Bebel Gilberto.

A originalidade do disco consistiu em ter conseguido reunir formas tradicionais da MPB e sobretudo da bossa-nova às novas informações da música eletrônica. Sejam as composições de Bebel Gilberto, muito marcadas pela sonoridade e pela dicção dos anos 50 e 60, sejam as versões que ela faz da música brasileira clássica, tudo passa por um "laboratório" sonoro, onde são enfatizadas particularidades nacionais da canção. A isso se acrescentam suaves distorções no *sampling*, o clima *drum 'n' bass* e outros ajustes contemporâneos para tirar o ranço histórico. A voz de Bebel Gilberto, sem particularismos, melancólica e doce, completa o arranjo. Em *Tanto Tempo*, a fórmula foi levada às maravilhas pelo produtor iugoslavo Mitar Subotic, o Suba, que morreu em 1999 num incêndio em São Paulo.

A MPB nasceu do confronto e do diálogo das elites culturais com a produção musical das classes baixas. Ela se desenvolveu como projeto interclassista, manifestando uma utopia nacional. Extinta como tal, depois que se acentuaram os atritos sociais no país, a MPB é hoje apenas uma sigla nostálgica no Brasil. Só o exílio lhe garante sobrevida criadora. Na forma de MBM, ela é agora a administração sem fim e sem conflitos, por uma classe média desterritorializada, da herança musical depositada historicamente no gosto mundial.

Alcino Leite Neto

Discos: *Bebel Gilberto* (1996), *Tanto Tempo* (2000). **Site:** www.bebelgilberto.com

Juca Varella/FI

BETH CARVALHO

Beth Carvalho canta "Meu Guri", de Chico Buarque, com carinho e amor. Como se a música, cheia de sutileza e suaves nuances, tivesse sido feita só para ela. Mas espera aí: que história é essa de destacar a cantora em uma interpretação lenta, esquecendo que ela é do sambão lá do morro, cheio de ginga e malícia? De fato, por esse lado, a missão de contar quem é a moça fica mais fácil, considerando a extensão e a qualidade de seu repertório, com preciosidades como as de Nelson Cavaquinho, que, de tão querido, ganhou um disco dela só com suas composições. São melodias do gênero que Beth gosta, ela que tem mania de só gravar coisa boa. É o caso de "Luz Negra", de Cavaquinho, com suas preciosas *blue notes*, que, se ouvidas pelo trompetista de jazz Chet Baker, virariam na certa um destaque sofisticado de seu repertório, como fez com "Retrato em Branco e Preto", de Tom e Chico.

Carioca da zona sul, a taurina Elizabeth Santos Leal de Carvalho (1946-) tinha tudo para ser uma intérprete da bossa-nova. E foi por aí mesmo que ela começou. O reconhecimento do grande público veio no Festival Internacional da Canção de 1968, com o terceiro lugar de "Andança". Poderia ter permanecido nessa linha das grandes canções populares fadadas ao sucesso fonográfico. Mas tomou outro caminho, prospectando a música brasileira mais pura e verdadeira. Foi à fonte, subiu o morro, caiu com tudo no samba. Buscou, e encontrou, qualidades musicais compatíveis com sua integridade estética.

Passados tantos anos, Beth é hoje um porto seguro de interpretação correta, quando expressa e informa a canção, para a privilegiada platéia que a escuta, sempre com emoção. Sua tarefa de resgate vem de longe: em 1972, fez desabrochar o clássico "Folhas Secas", de Nelson Cavaquinho. Em 1975, "As Rosas Não Falam", de Cartola. Revelando talentos, a "madrinha" Beth Carvalho antecipou carreiras fulgurantes, como as de Zeca Pagodinho, Jorge Aragão, Almir Guineto, Sombra e Sombrinha – autores, com Arlindo Cruz, de "Ainda É Tempo pra Ser Feliz", canção que propiciou um dueto inesquecível dela com Pagodinho.

Mangueirense de coração e devoção, Beth interage com outras escolas, com blocos e rodas de pagode, de onde resulta um som novo, só dela, como o banjo com afinação de cavaquinho.

No Japão, é tema de estudos na Faculdade de Música de Kyoto. Interplanetária, despertou, em Marte, um robô pousado na superfície, com a música "Coisinha do Pai", de Aragão. Beth Carvalho é querida, reverenciada e respeitada como a grande intérprete da música mais autêntica do Brasil. Cantando sua aldeia, tornou-se universal.

Roberto Muylaert

Discos: Desde *Andança* (1969), primeiro álbum, até *Nome Sagrado,* o último, consagrado a Nelson Cavaquinho, foram 27 álbuns lançados pela cantora. **Site:** www.bethcarvalho.com.br

Patrícia Santos/FI

BRAGUINHA

O jeito – essa maneira nacional de driblar a norma por encantos pessoais ou favores – já teve seus dias de glória. Lamartine Babo, Pixinguinha, Sinhô, Noel Rosa, Luiz Barbosa, Carmen Miranda e Mario Reis, entre tantos outros, lidavam com o mundo com o cuidado de quem quer despertá-lo delicadamente, sem sobressaltos. Eram jeitosos na dicção, nas letras e nas melodias. Hábeis na forma de abrir a realidade e introduzir-se em seu ritmo, fazendo-a soar. Mas provavelmente foi Braguinha a figura que usou do modo mais rico e variado esse talento para encantar, para envolver-se afetivamente com a vida e tratá-la sem cerimônia. Carlos Alberto Ferreira Braga (1907-), aliás, João de Barro, Carlinhos, Braguinha – até seu nome se recusa ao protocolar registro civil. Tratem-no como quiserem. Mas no diminutivo, passarinho.

Suas canções e historietas infantis parecem composições anônimas. De tão simples, não têm dono. E num piscar de olhos "nós somos os caçadores/ e nada nos amedronta/ damos mil tiros por dia/ matamos feras sem conta". E com espingardas de madeira nos pomos à caça do papão: "eu sou o lobo mau, lobo mau, lobo mau/ eu pego as criancinhas pra fazer mingau". E assim a vida passa, leve, com inimigos que brincam de odiar-se porque se querem muito bem. Quem quisesse que contasse outra. Como o próprio Braguinha já fizera, ao escrever as formidáveis versões de muitas músicas de filmes de Walt Disney.

Mas era com as marchinhas (assim, no diminutivo) que ele se sentia mais à vontade. Com razão. Estava a gosto. Pegar como base um ritmo militar – a norma – e dissolvê-lo por dentro. De marcial não faltava nada: toques de clarim, rufar de tambores, repiques de caixa e o bom senso da tuba. No entanto, a aceleração da cadência, o enfraquecimento dos tempos fortes pela entonação manhosa e o ar brincalhão das letras reduziam o ardor bélico a uma guerrinha de crianças. E, quanto mais triunfantes as marchas, mais eficazes as molecagens. Pensem no refrão: "vem moreninha, vem tentação/ não andes assim tão sozinha/ que uma andorinha não faz verão". Enquanto o tom sobe, a letra sai voando. Basta imaginar um pelotão aguerrido marchando ao som de "eu sou o pirata da perna de pau!/ do olho de vidro, da cara de mau!", e teremos a exata dimensão da marotice de Braguinha.

Seu mundo é um mundo simples e singelo. Mas de uma perspicácia danada: "Branca é branca/ preta é preta/ mas a mulata é a tal". Ou seja, vamos pela via do meio. Não por indecisão nem média. E sim porque por ela a vida ganha novo sabor. A pureza permite ver na moça "que anda sem meia em plena avenida" uma "ardência que assombra". E a simplicidade nos faz antever os encantos de uma vida não regulada pelo dinheiro: "que a vida dura só um dia, Luzia/ e não se leva nada deste mundo".

Antonio Candido fez a análise definitiva desse jeito nacional em "A Dialética da Malandragem". Braguinha tornou-o suspiro: "tu deves ter fugido de alguma ventarola/ ou de alguma xícara de chá". Em sua música, a leveza nos prepara para uma atitude mais generosa diante da vida. Vamos para onde a brisa sopra. Acompanhar a marcha dos outros é coisa de quem anda perdido.

Rodrigo Naves

Alguns discos: *Braguinha – 90* (1997); Garganta Profunda, *Yes, Nós Temos Braguinha* (1987); *Songbook Braguinha* (4 CDs, 2002). **Livro:** Jairo Severiano, *Yes, Nós Temos Braguinha* (1987). **Site:** www.samba-choro.com.br/artistas/braguinha

Antônio Gaudério/FI

CAETANO VELOSO

Caetano e a música popular brasileira são inseparáveis agora. Num dado ponto de sua trajetória, ele simplesmente a encarnou, como a uma entidade. Com o tempo, viu-se que ele era não apenas uma de suas expressões mais brilhantes, mas também um emblema da força única que veio adquirir essa arte entre nós. Importante no processo de aquisição dessa força, ele foi decisivo no processo que levou ao reconhecimento dela, num âmbito de maior amplitude.

Por outro lado, Caetano elevou a letra de música ao *status* de poema, como só fazem aqueles, poucos e muito bons, que fazem da canção uma modalidade de poesia – cantada. Só que o fez com tal engenho e arte que sua singular contribuição o projeta no contexto mesmo da canção mundial. Aqui, agora, ele figura entre aqueles que sempre foram seus pares, embora nem todos soubessem e alguns talvez ainda teimem em duvidar (Caetano não será jamais uma unanimidade):

entre os Porter, os Gershwin, os Dylan e os Lennon e McCartney.

Hoje se sabe também o quanto, indo além, rompendo limites entre popular e erudito, alta e baixa cultura, Caetano elevou o repertório de referências da MPB, ao mesmo tempo que exigiu – melhor: contribuiu para – que o público de MPB elevasse seu próprio repertório. Atraiu, desse modo, o povo para onde ele, o artista, estava, sem, ao mesmo tempo, nunca ter deixado de estar onde o povo estava, ele próprio sendo, como sempre foi, desde a origem, uma figura do povo.

Indo além: transcendendo o campo já em si bastante amplo da MPB, Caetano se alinha a Mário, Oswald e Drummond, João Cabral, Euclides da Cunha, Guimarães Rosa, Glauber Rocha, Villa-Lobos, Tom Jobim e João Gilberto entre os maiores artistas brasileiros do século que passou. E, ao passar o limite do novo milênio, só nos prova uma coisa: que não passará.

Longa e longeva é sua obra, tão cheia de – e cheirando a – vida. Uma durabilidade assegurada pelo *mix* de quantidade e qualidade de sua produção, tão extensa hoje, tão intensa sempre.

Aos 60 anos (em 2002), poucos são, entre seus colegas de todos os tempos, os que seguem compondo de modo tão produtivo e inventivo (e cantando de modo tão inteligente e sensível; no domínio do canto, que ele exerce com tanto prazer e em que vem continuamente se aperfeiçoando, Caetano se tornou um recriador e relançador, para nosso tempo e o futuro, de preciosidades do cancioneiro nacional e internacional tanto do passado como do próprio presente). Raros os que seguem atuando sobre a realidade artística, social, cultural como ele; atuando sobre ela e a atualizando, alterando-a, sem, simultaneamente, parar de *se* atualizar, de atuar sobre si mesmo: de *se* alterar. É notória – e notável – sua capacidade de se manter num processo de renovação que parece incessante. Por isso, raros são também os que seguem, em sua idade, servindo de referência às pessoas das novas gerações.

Orgulho da Bahia, cujo mito de "terra da felicidade" ele ajuda a perpetuar – mas sem abdicar de um sentido crítico, por vezes violentamente crítico –, ele se converteu também em orgulho do Brasil, ao qual dedica um mesmo olhar tão amoroso quanto profundamente crítico. O caráter libertário e civilizador de seu trabalho é e será um grande contributo para o país. Mas sua mensagem – indo além – também se destina ao mundo. E o mundo, que precisa descobri-lo, finalmente parece que começou a fazê-lo.

Carlos Rennó

Alguns discos: *Caetano Veloso* (1967), *Araçá Azul* (1972), *Bicho* (1977), *Muito* (1978), *Velô* (1984), *Tropicália 2* (com Gilberto Gil, 1993), *Livro* (2000). **Livro:** *Verdade Tropical* (1997). **Site:** www.caetanoveloso.com.br

Antônio Gaudério/FI

CARLINHOS BROWN

Qual é o sentido do sentido? É chaminé minério. Abre a boca pra cima e pra baixo, pra espalhar o resultado transformado. Brown de James Brown, do ativista preso H. Rap Brown ou do *brown* que identificava o *black power* no final dos anos 70 em Salvador? Cada explicação sobre o autobatismo tem uma data. A validade da verdade perde a importância pra quem canta o mentor mentecapto, o narcisista mago, a lona rente do couro corado em cumplicidade de armário. Nele, tudo está em estado de zap pele. De sap filme. Afinal, flores não andam em dúzias.

O filho de dona Madalena e seu Renato largou a escola no segundo ano do primário e talvez por isso tenha ainda dificuldade em ler. Entende as palavras, mas elas não soam quando ajuntadas daqueles jeitos dos livros. Antonio Carlos Santos Freitas nasceu e ficou chaminé minério no Candeal Pequeno, no bairro de Brotas, em Salvador. Aprendeu percussão com

Mestre Pintado do Bongô, que veio de Aracaju e é Ketu; o Candeal é Angola – noções distintas. Primeiro pandeiro, tamborim, reco-reco, até ter aposentado a definição de instrumento musical. Improvisação com percussão antes de ter conhecido Miles Davis.

Cuidou de nomear: um colar de contas num carrinho de compras que assobia frases "ventias", saladas em lavouras de agonia. Pra ele, só o indo ia. Toma charrete pros lares rubis. Mistura *kloters* do Afeganistão com joelhos de PVC, torpedos da República Dominicana com bolachões *à la* tambor árabe. Resgatou do Trio Mocotó o timbal, um tambor considerado de segunda e tocado com uma vassourinha, e inventou uma companheira que soava aguda praquele som grave, a bacurinha. Daí, organizou uma orquestra: a Timbalada.

Fez bem mais. Elvis Jobim Porter criou uma banda para mulheres (Bolacha Maria), outra para crianças de seis a 12 (Lactomia), uma escola de música (Escola Pracatum) e um projeto de moradia para demonstrar que a beleza precisa estar na cesta básica de todo mundo (Tá Rebocado).

Far away, far away, para o Irará irei. Pois Deus é dom.

Tinha 32 anos quando lançou seu primeiro disco, em 1996. Fez comercial de água tônica na TV francesa. Muito cedo, começou a produzir células pra percussão com Tony Mola, Ivan Huol e a banda Rumbaiana. Encontrou Nelson Maleiro e seus sapatos de bico tipo Aladim. Foi catálogo da H. Stern (*Miscigens*). Tocou com Caetano, João Gilberto, Herbie Hancock; Arnaldo Antunes e Marisa Monte foram (e são) seus parceiros. A instalação-que-anda garante: ao leste das manhãs, o mundo é puro e são. Indivisível.

Tudo tem uma lógica. Do *self-service* sirva água em prece. A plasticidade musical de Carlinhos Brown não desaglutina. Carnifica, soa no corpo.

Helena Katz

Alguns discos: *Alfagamabetizado* (1996), *Mãe de Samba* (1997), *Omelete Man* (1998), *Bahia do Mundo – Mito e Verdade* (2001). **Site:** www.uol.com.br/carlinhosbrown/

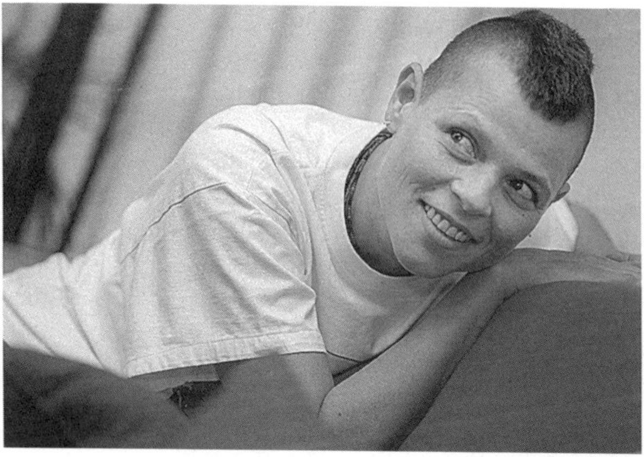

Cleo Velleda/FI

CÁSSIA ELLER

Cássia Eller foi a melhor e mais original cantora de sua geração. Ponto.

Cássia Rejane Eller nasceu no Rio de Janeiro, em 1962, de mãe dona-de-casa e pai militar, núcleo familiar que poderia definir metade da cidade na época. Entre os seis e os 18 anos, morou em Belo Horizonte (MG) e Santarém (PA), voltou para o Rio e finalmente seguiu para Brasília, onde iria aprender a cantar. Seus biógrafos oficiais gostam de dizer que sua diversidade musical é causa direta da inconstância do CEP (será por acaso que um de seus maiores sucessos é "ECT", de Carlinhos Brown?).

Cassia ela-própria corrigia, dizendo que, não importava onde estivesse, ouvia mesmo *rock 'n' roll*, o legítimo, anglo-americano, dos Beatles e Jimi Hendrix (será por acaso que ela gravou maravilhosamente "Eleanor Rigby" e "I Hear My Train A-coming"?). Depois dos 14, quando ganhou um violão, passou a tocar o que ouvia. Logo mais, cantou.

Até seu primeiro show, foi garçonete, pedreira, fez número em coral, tocou surdo, participou de trio de forró e animou bailes de carnaval. Tentou ser atriz, trabalhou dois dias no Ministério da Agricultura e deixou o segundo grau incompleto. Batizada em homenagem a Santa Rita de Cássia por sugestão da avó materna, era homossexual assumida.

Eclética como toda boa intérprete, ia do A de Ataulfo Alves (em "Na Cadência do Samba") ao X de Xis e Dentinho (do samba-rap "De Esquina"), passando pelo E de Edith Piaf ("Non, Je Ne Regrette Rien", profética) e pelo R de Raul Seixas ("Metrô Linha 743"). Deu poucas derrapadas, com algumas letras, como "O Segundo Sol" (Nando Reis).

Imprimia a todas as músicas sua marca: uma voz rascante e irônica, grave ou aguda com a mesma segurança. Cantava como se estivesse olhando a platéia de esguelha, satirizando, levantando a camisa e cuspindo no chão. Ganhou o público como a melhor intérprete, a intérprete oficial (o tanto que alguma coisa envolvendo Cássia podia ser "oficial"), de Renato Russo e Cazuza, dois compositores de sua geração, ambos vivendo no limite, ambos já mortos, como ela.

O primeiro é autor da primeira gravação profissional da carreira de Cássia, "Por Enquanto", de 1989, que lhe abriu as portas no esquema das gravadoras. O segundo batizou um disco e ganhou outro só com músicas suas. "Por Enquanto" e "Malandragem", respectivamente, nunca foram cantadas melhor por ninguém.

Em sua breve carreira, lançou apenas cinco álbuns de estúdio, entre 1990 e 1999, e um híbrido (*Cássia Rock Eller*, de 2000), mais quatro ao vivo e pelo menos quatro coletâneas. Vendeu entre todos cerca de 1,5 milhão de discos, um terço só com o derradeiro, *Acústico MTV*, de 2001.

Morreu em dezembro de 2001, no Rio. Deixou o filho Chicão, oito anos (que teve com o baixista Otavio Fialho, já morto), e a estudante Eugênia, sua companheira por 14 anos. A circunstância de sua morte poderia ser seu epitáfio: ainda carece de explicação.

Sérgio Dávila

Alguns discos: *Cássia Eller* (1990), *O Marginal* (1992), *Cássia Eller* (1994), *Veneno AntiMonotonia* (1997), *Com Você... Meu Mundo Ficaria Completo* (1999), *Cássia Rock Eller* (2000), *Acústico MTV* (2001). **Livro:** Beatriz Helena Ramos Amaral, *Cássia Eller – Canção na Voz do Fogo* (2002). **Site:** www.cassiaeller.com.br

Ana Carolina Fernandes/FI

CHICO BUARQUE

O que seria do Brasil sem ele? Não se trata do país de carne e osso, de injustiças fáceis e de esforços vãos em que vivemos. E sim do outro, o país da canção popular, onde todo brasileiro tem direito a exílio quando a vida real fica árida demais. O que seria desse Brasil da nossa segunda cidadania, o país sonoro e multirracial, sem potestades e sem excluídos, se não existisse Chico Buarque de Holanda?

No Brasil imaginário da música popular, Chico (1944-) não pode ser imperador nem rei. A nobreza do poeta é bem outra e não se afina com as insígnias do poder. No país da canção popular, Chico é intérprete e xamã, capaz de dizer as palavras que não sabíamos que já eram nossas e de repercutir em ritmo e melodia os desejos secretos da sociedade (quase) toda.

No país certinho dos anos 60, da indústria, da modernidade e da bossa-nova, o filho da elite intelectual paulista trouxe de volta para o gosto da classe média a fina ironia do samba. Estourou no festival da TV Record de 1966, empatado com Geraldo Vandré. Mas não era samba: sua "Banda" mexeu com a nostalgia interiorana do Brasil recém-urbanizado, pintando em aquarela uma sociedade sem hierarquia, animada pela volta da bandinha que cantava coisas de amor. Era meio demagógica a banda do Chico. Mas atrás dela, no primeiro LP, vieram os sambinhas na mais perfeita tradição de Noel Rosa. Corriqueiros, urbanos, pedestres, sem pompa nem afetação. Chico reinventou o homem da rua, o singelo habitante das cidades. Aos 20 e poucos anos, já sabia: tem mais samba no chão do que na lua.

O que seria de nossa fantasia de Brasil nos anos ufanistas, militarizados e intimidados que se seguiram, sem a malandragem de Julinho da Adelaide ("chame o ladrão!"), sem o humor que desafiava os generais ("apesar de você...", "mas sua filha gosta!")? Para vingança geral, Chico usou o engenho de arquiteto, que já tinha se revelado em "Construção", num samba que parecia puxar o saco dos homens para depois, saltando uma única frase na segunda rodada, inverter todo o sentido do que a censura otária já tinha aprovado ("Corrente"). Foi a década que ele encerrou, vitorioso, com os estudantes cantando em coro o samba que o proibiram de cantar: "Apesar de você, amanhã há de ser outro dia".

Na caretice dos anos 80, Chico reabilitou o lirismo. Cantou o Rio de Janeiro. *Dois Irmãos. Francisco.* Ficou discreto, mais conciso, recolheu-se. Virou poeta secreto. E, quando todos pensavam que estivesse cansado do samba, chegou *Paratodos.* Ali estava o reino expandido da canção popular, com sua árvore genealógica ("o meu pai era paulista, meu avô pernambucano"...), sua identidade afirmada, seus truques, sua ferida: "mesmo que os cantores sejam falsos como eu/ serão bonitas, não importa, são bonitas as canções".

O que mais ele vai inventar? Chico é exigente, não sofre do mal da autocomplacência que acomete a maioria dos artistas consagrados por aqui. Está sempre inventando, querendo se superar. Pois, quando poderia ter deixado barato, quando já não nos devia mais nada, Chico Buarque foi mais longe do que qualquer outro embaixador desse país imaginário. Em 1998, o homem da rua, que nunca deixou de habitar suas canções, voltou para provar que a síntese desse Brasil litorâneo, nostálgico e rural se escreve a partir das imagens, das personagens e dos sons colhidos na efervescência das *Cidades*.

Maria Rita Kehl

Alguns discos: *Chico Buarque de Holanda* (1966), *Chico Canta* (1973), *Meus Caros Amigos* (1976), *Francisco* (1987), *Paratodos* (1993), *As Cidades* (1998). **Alguns livros:** *Roda Viva* (1968), *Gota d'Água* (1975), *Ópera do Malandro* (1978), *Estorvo* (1991), *Benjamin* (1994). **Site:** www.uol.com.br/chicobuarque/

Lili Martins/FI

CHICO CÉSAR

Almino Afonso, Belém de Brejo do Cruz, Jericó, Riacho dos Cavalos, Brejo do Cruz, Brejo dos Santos e João Dias. É com essas cidades que Catolé do Rocha faz divisa, e lá nasceu, em janeiro de 1964, o filho temporão de dona Etelvina, que levou o nome de seu santo de devoção mais o César, em respeito à vontade do filho mais velho, cujo desejo era ver o irmão com nome de rei.

E assim surgiu Chico César, que parece ter tecido no sertão paraibano uma algibeira inseparável, onde guarda os aboios, os repentes, as festanças, as imagens de seu lugar e, para orgulho do pai, o reisado (o pai dele era Papangu, uma das figuras do reisado). Depois de um tanto, ensinaram o segredo de guardar na mesma algibeira o espírito inovador, o respeito, a curiosidade e o experimentalismo. Nesse momento, integrou o grupo Jaguaribe Carne, que é até hoje liderado por Pedro Osmar e é uma referência cultural digna de reverência (com o perdão do trocadilho...). Nesse momento, foi apresentado ao dodecafonismo, música concreta, música aleatória, Hermeto Pascoal, música indígena, teatro, leitura de poemas e textos pelas ruas de João Pessoa.

Não é possível tentar falar da obra de Chico sem levar em consideração essa soma do universo "catolaico" com a experiência do Jaguaribe Carne. Desde o primeiro disco é assim, e o resultado dessa mistura (ou desse berço) pode ser ao mesmo tempo doce como os versos da música que o projetou – "quando não tinha nada eu quis/ quando era ausência esperei/ quando tive frio tremi/ quando tive coragem liguei..." – ou áspero como "A Prosa Impúrpura do Caicó": "Ah! Caicó Arcaico/ em meu peito catolaico/ tudo é descrença e fé...".

Apressando o passo desta história, podemos encontrar nos outros trabalhos uma passagem universal para um mapa com diversos ritmos, timbres e versos, numa carreira que se consolida e se projeta, aboiando as vizinhanças do mundo. É assim em "A Dança do Papangu" (*Mama Mundi*), quando ele se atira nos braços de uma estrada infinita de mãos dadas com o pai, o velho Papangu, já citado.

Em *Respeitem Meus Cabelos, Brancos* (2002), a mesma estrada se amplia ainda mais: o disco foi gravado em Londres, João Pessoa, Recife, Salvador, Rio de Janeiro e São Paulo. O produtor é o suíço-inglês Will Mowat, mas tem também a anglo-brasileira Nina Miranda, os paraibanos do Metalúrgica Filipéia e o africano Sena Mbaye el Hadji Mahamadou; e tem Chico Buarque de Holanda, Nelson Ayres, coco de praia, reggae, Carlinhos Brown, Carlos Rennó, Tata Fernandes... e de novo Almino Afonso, Belém de Brejo do Cruz, Jericó, Riacho dos Cavalos, Brejo do Cruz,

Brejo dos Santos e João Dias. É com essas cidades que Catolé do Rocha faz divisa... É bom saber (e ouvir) que a algibeira continua bem presa à cintura...

Edson Natale

Todos os discos: *Aos Vivos* (1995), *Cuscuz Clã* (1996), *Beleza Mano* (1997), *Mama Mundi* (2000), *Respeitem Meus Cabelos, Brancos* (2002). **Site:** www.chicocesar.com.br

Adi Leite/FI

DEMÔNIOS DA GAROA

Já está firmada em "Sampa", de Caetano Veloso, a elevação ao *status* de "deuses da chuva" daqueles rapazes sambistas que outrora foram – e continuam sendo – os Demônios da Garoa. A origem do grupo (que entrou para o *Guiness Book of Records* como o mais antigo ainda em atividade) remonta a 1942, quando alguns adolescentes do bairro da Mooca decidiram reunir-se para formar um conjunto musical disposto a participar dos famosos programas de calouros do rádio. A ascensão foi imediata. Sob a provocação do locutor Vicente Leporace, poucos anos depois o então "Grupo do Luar" acabou adotando o nome definitivo.

Não era, no entanto, uma mera troca de nomes. Na verdade, representava também a passagem do tom seresteiro, tradicionalmente romântico, para o acento crítico e cômico do novo repertório. "Siri Malvado", música presente no primeiro compacto, datado de 1950, já traz aquela que será a marca registrada de Arnaldo Rosa, Toninho Gomes e seus companheiros.

À maleabilidade e afinação das vozes masculinas junta-se a feliz união do cavaquinho à viola americana, acompanhados de cuidadosa percussão. Surgem depois "Malvina" e "Joga a Chave", antecipando o apogeu da nova música de São Paulo, quando o samba é levado a afastar-se do modelo carioca para tomar raízes na fala popular e nos tipos e hábitos da cidade. Trata-se, é claro, do genial Adoniran Barbosa (1910-82).

"Saudosa Maloca" e "Samba do Arnesto" (1955) resumem a pedra-de-toque dessa nova sensibilidade que desperta nos centros urbanos. Mistura de humor com tristeza – vale dizer, com os sentimentos de perda –, a saudade do operário e a trapaça do amigo se apresentam em molde tragicômico. Notas de riso velado se juntam à cadência bonita do samba, tirando daí um sentimento de especial melancolia. Seguiram-se ainda músicas de Zé Kéti (1921-99) e até mesmo de Chico Buarque de Holanda, que teve a sua gravação de "Apesar de Você" proibida pela censura [ver p. 61], mas não na interpretação dos Demônios.

Quem não se lembra de "Trem das Onze" (1964), a singela confissão de um "filho único" que precisa voltar para casa antes de sua mãe dormir? Tornou-se um clássico na voz dos endemoniados, cantando a sinceridade do jovem que prefere ser realista com a namorada e abre mão do papel de sedutor. Dizer não à libido? Nada mais contrário ao habitual comportamento da MPB. Arte dos deuses.

Fernando Paixão

Alguns discos: *Saudosa Maloca* (1957), *Mais Demônios que Nunca* (1962), *Samba do Metrô* (1975), *O Samba Continua* (1981), *Esses Divinos Demônios da Garoa* (1990), *55 Anos de Garoa* (1997). **Site:** www.demoniosdagaroa.com.br

Juca Varella/FI

DJAVAN

Considerado o último dos grandes criadores da MPB – a tendência pluralista estabelecida em meados dos 60, após a bossa-nova –, o alagoano Djavan Caetano Viana, nascido em Maceió, em 1949, criou uma grife estilística à parte. Em matéria de invenção rítmica, pode-se compará-lo à elaboração da dicção afro empreendida por Gilberto Gil e seu epígono João Bosco. Mas o casamento das microdivisões percussivas com o jogo poético (muitas vezes aleatório) só tem paralelo em Jorge Ben Jor. "A música cheia de tônicas que ele faz pede o uso de monossílabos e palavras soltas", decupa Chico Buarque, parceiro esporádico.

Moleque, Djavan sempre preferiu a bola e a música aos estudos. No antigo curso científico, em plena aula de química, ainda em Maceió, alguém lhe passou um violão. Aos 16 anos, ele virou ex-estudante e integrou o grupo L.S.D. (Luz Som Dimensão, tá ligado?), especializado em *covers*. Emigrou para o Rio, em

1973, onde gramou como *crooner* de trilhas de novelas e de boates como Number One e 706. Tirou segundo lugar no Festival Abertura da Globo, em 1975, com o samba (re)quebrado "Fato Consumado". Mas (apesar de ter incluído outro torpedo, de efeito posterior, "Flor-de-lis"), seu primeiro LP, *A Voz, o Violão, a Música de Djavan*, no ano seguinte, não decolou.

Só a partir de *Seduzir* (de faixas lancinantes como "Faltando um Pedaço" e "A Ilha", gravada por Roberto Carlos), em 1981, sua intricada mistura de sambaião, jazz, funk e baladas turbinadas pegou no ouvido do povão, que repescaria pérolas em LPs anteriores, como "Álibi" (*Djavan*, 1979) e "Meu Bem Querer" (*Alumbramento*, 1980). A coisa acenderia em definitivo em *Luz*, de 1982 ("Sina", "Pétala", "Samurai", "Açaí"), marco da internacionalização dos arranjos e da exportação do autor. Ele dilataria seus domínios no BRock dos anos 80. E reforçaria o mito ao vender 2 milhões de cópias do duplo biscoito refinado *Djavan ao Vivo* (1999), já em pleno bagaço da música de massa.

Tárik de Souza

Alguns discos: *Seduzir* (1981), *Luz* (1982), *Lilás* (1984), *Coisa de Acender* (1992), *Djavan ao Vivo* (1999). **Site**: www.djavan.com.br

Catherine Alonso/FI

DOMINGUINHOS

Nascido José Domingos de Moraes, em 1941, em Garanhuns (PE), filho de Chicão, tocador e afinador de sanfona, já aos oito anos Dominguinhos tocava o instrumento. Em 1954, mudou-se para o Rio de Janeiro, passando a freqüentar a casa de Luiz Gonzaga diariamente. Desde menino, então, ao lado do Mestre Lua, aprendeu a ouvir de tudo e a tocar sanfona em qualquer lugar aonde fosse chamado; nas festas, nos cassinos, nos auditórios das emissoras de rádio e de televisão, nos teatros e onde mais surgisse uma oportunidade em meio ao burburinho musical do Rio de Janeiro dos anos 50.

Essa vivência somou a suas habilidades naturais uma riqueza harmônica incomum e um raro virtuosismo no instrumento. Ao mesmo tempo, aguçou sua inspiração uma conexão direta com os sentimentos e o gosto de sua gente, nunca abrindo mão de estar junto do povo e impregnando sua música da alma do Nordeste. Aí sua força maior, tão evidente na maneira de ser, de cantar, de compor e de tocar.

Seu maior prazer é viajar pelo Brasil levando música e alegria, missão que traz de Luiz Gonzaga. Vêm daí seus encontros com quase todos os artistas mais significativos da história do instrumento, de norte a sul do país, como Antenógenes Silva, Pedro Raimundo, Chiquinho do Acordeon, Pedro Sertanejo, Orlando Silveira e, ainda, Sivuca, Oswaldinho do Acordeon e Toninho Ferragutti, entre tantos outros.

Dominguinhos acompanhou shows e participou de gravações de centenas de músicos. Lançou cerca de 50 discos, completando 50 anos de carreira em 2001, comemorados com a maior festa de sanfoneiros do Nordeste, no parque Asa Branca, em Exu.

O que surpreende aos que tocam a seu lado é a intimidade com que se movimenta por todos os gêneros musicais e o modo com que acompanha e improvisa desde a mais singela canção até o arranjo mais sofisticado, percorrendo os dedos na sanfona com sutileza e sensibilidade e contagiando milhares de pessoas com a energia do canto e o absoluto domínio do instrumento, que o consagram como a grande referência viva da sanfona no Brasil.

Mas o que transcende em Dominguinhos é a simplicidade e a generosidade que o artista traz em sua conduta pela vida. E, ao traduzir o coração em música, comove tanto o ouvinte mais humilde quanto o mais refinado, com a criação de melodias preparadas para receber dos parceiros poesias inspiradas, transformando-as em canções definitivas, hoje clássicos de nosso repertório popular.

"Lamento Sertanejo", parceria com Gilberto Gil, "De Volta pro Aconchego", com Nando Cordel, "Tenho Sede", com Anastácia, e a recente "Retrato da

Vida", com letra de Djavan, são exemplos da naturalidade que Dominguinhos tem em compor. Harmonia, melodia e ritmo, frase a frase, vão dando vida à composição, exatamente no que ela pede: espontaneidade e lirismo. Nada sobrando e nada faltando. E todo mundo sai cantando.[7]

Myriam Taubkin

Alguns discos: *Fim de Festa* (primeiro LP, 1964), *Choro Chorado* (1994), *Nas Costas do Brasil* (1998), *Dominguinhos ao Vivo* (2000), *Chegando de Mansinho* (2002). **Site:** http://dominguinhos.art.br

---

[7] Fontes desse texto: entrevistas e conversas com o artista e síntese de comentários de inúmeros músicos, especialmente Toninho Ferragutti, Helder Vasconcelos, Edson José Alves e Luísa Maita, no percurso do projeto *O Brasil da Sanfona* (1999/2002).

Zulmair Rocha/FI

DORIVAL CAYMMI

A baiana o chama para dançar, mas ele não vai. Se Anália não quiser ir, vai só. Se por acaso chover, aí não vai mesmo. As letras de Caymmi falam da liberdade de ir e vir. Quem canta é o homem perfeitamente livre. Suas músicas inventam o folclore, mas não lhe pertencem, porque o folclore pressupõe uma comunidade rígida da qual não se pode escapar. Caymmi já se desgarrou dela, mas pode voltar quando quiser. Da modernidade, aproveita o que quer, sem compromisso. Desde cedo, utiliza harmonias que, na época, só existiam na música erudita e no jazz mais avançado e prefiguravam a bossa-nova. Em Tom Jobim, os mesmos acordes sustentam melodias longas e cambiantes. As frases de Caymmi, no entanto, são curtas e estáveis. As notas alteradas não tornam as melodias mais complexas, mas conferem a cada acorde uma consistência e uma aspereza concretas. A função perde importância em relação ao valor de afeição. Acontece que o acorde está lá, acontece que a gente gosta.

Essa liberdade não tem nada de arbitrário: produz coisas essenciais, polidas por infinitas idas e vindas. Geradas não por uma escolha momentânea, mas pela progressiva acumulação de criatividade e memória. Por isso Caymmi (1914-) compõe tão lentamente, e por isso suas canções parecem não ter dono. O gênero da canção praieira inexistia antes dele. Seus "sambas sacudidos" criaram a tradição do samba baiano, como todas as obras-primas criam seus precursores. Finalmente, os sambas urbanos. No Rio, Caymmi introduziu o gosto da paisagem e do mar, e um tipo de *flâneur* diferente do malandro tradicional. Baianizou a cidade, e com isso gerou muito do que hoje julgamos ser tipicamente carioca. Sem ele, não haveria barquinho, cantinho nem violão. Se essa parte de sua produção parece menos pessoal, é porque o Rio a incorporou totalmente.

Caymmi ocupa um lugar intermediário entre história e pré-história, natureza e cultura, onde as seduções do moderno e do arcaico convivem pacificamente. Desse lugar brota a carga utópica de grande parte da música brasileira, mas ninguém mora ali tão bem como Caymmi. Ele é o pai.

Lorenzo Mammì

Alguns discos: *Caymmi, Amor e Mar* (7 CDs, 2001), *Caymmi Inédito* (2 CDs, 1985). **Alguns livros:** Stella Caymmi, *Dorival Caymmi: o Mar e o Tempo* (2001); Antonio Risério, *Caymmi: uma Utopia de Lugar* (1993). **Site:** www.uol.com.br/dorivalcaymmi/

Flávio Florido/FI

ED MOTTA

Ou o Brasil já nasceu com um requebrado na cadeira – que o fez criar tão balançantes ritmos musicais –, ou no princípio era a música, e a conseqüência foi esse molejo, esse ininterrupto pestanejar de pernas. O fato é que há um fogo no pé que nos afeta, algo que não nos deixa quietos. Do xaxado ao xote, do baião aos diversos sambas, tudo nos chama a dançar, tudo é chama; e, não bastasse todo esse balanço, pintou nos anos 80 um jovem cantor-compositor (nascido em 1971) com uma desconcertante levada, incrementada pela malandragem musical carioca.

Primeiro, pensou-se em diluição do dancing, em *fake funk* e em apadrinhamento do tio Maia. Mas, pra lá do tio Sam e do tio Tim, o moço já trazia seu estilo, seu talento inato e seus fundamentos musicais, que o levaram ao pai Tom, pois tinha jazz e samba nos sapatos.

Daí, não parou de crescer. Encarou diversos gêneros sem perder a peculiar descontração vocal e cerebral. Variava com a verdade de quem tem nas veias a vida – além de vinho, é claro, um gênero que também domina com mestria.

Compositor criativo e cuidadoso, sabe dançar também como poeta – não só nas letras, mas também nos sons, com rimas toantes e acentuações desconcertantes, que quebram o discurso melódico sem fragilizar a canção.

O pé pulsa com o cérebro-coração. O timbre da voz, entre o melífluo e o vociferante, vai do murmúrio ao máximo volume.

Os arranjos e a montagem de cada disco são parte da arte desse músico sempre sincero consigo, soltando o que sabe mas generoso com o público. A esta altura, já fez até valsa francesa, para se somar ao dancing e ao jazz, passando pelo funk e pelo blues, entre outros bailados. Tudo realçado por músicos que sabem sobremaneira dialogar com o mestre. Com um jeitão de Charles Mingus, o jovem cresceu, mas continua moço, e nos surpreendendo. Pesquisador do pop, ele nos faz compreender a reciprocidade entre os diversos ritmos – questão fundamental para a evolução da música do século que passou.

Santo ou satã da dança, Ed Motta simplifica o supérfluo e sofistica o simples, com o faro raro – único – de um grande *sommelier* dos sons.

Manoel Beato

Alguns discos: *Entre e Ouça* (1992), *Manual Prático Para Festas e Afins* (1997), *Remixes e Aperitivos* (1998), *As Segundas Intenções do Manual Prático* (2000), *Dwitza* (2002). **Site:** www.edmotta.com

Flávio Florido/FI

EDU LOBO

Lobos não são bobos. Adoram a calada da noite, o anonimato da escuridão, e, principalmente, gostam de agir em companhia. O nosso Edu é assim, meio lobo, embora, com sua doçura, seja uma fera vegetariana. Pois, apesar dos elogios de crítica e de colegas – Tom Jobim dizia, categórico: "Edu Lobo, você é um craque!" –, ele detesta o sucesso e não faz questão de forçar seu lugar solitário ao sol, preferindo criar, sempre que possível, com outros. Foi assim com Vinicius, Chico, Ruy Guerra, Guarnieri, Tom e tantos outros. O espírito de alcatéia é de berço. O pai, o também compositor Fernando Lobo, nunca quis assumir a paternidade conjunta de "Ninguém Me Ama" com Antonio Maria.

Nascido no Rio, em 1943, Edu começou estudando acordeom até ser apresentado ao violão pelo colega Theo de Barros. Foi em Recife, onde passava as férias com os tios, que ouviu pela primeira vez, num dia de verão (lembrança dele), "Chega de Saudade" com João Gilberto e se encantou pela novidade da bossa-nova. Mais tarde, ele mesmo se encarregaria de renovar o movimento, acrescentando um tempero social forte àquela sofisticação musical. Completou a educação no Beco das Garrafas, ouvindo João e Sergio Mendes, até que, em 1962, o pai incentivou-o a editar suas composições. De início era intimista, como o novo movimento, mas aos poucos o contato com Sérgio Ricardo e, em especial, Ruy Guerra levou o jovem músico para a crítica social e para o teatro. Edu compôs para Vianinha e Dias Gomes, mas foi na parceria com Gianfrancesco Guarnieri que entrou para o círculo *cult* de seu tempo. Juntos, em 1965, apresentaram *Arena Conta Zumbi*.

Mesmo entre militantes, Edu não perdeu a graça de conquistar o público. Entre as canções da peça, estava "Upa, Neguinho", gravada por Elis Regina. Inscreveu-se, ainda naquele ano, no I Festival da Música Popular Brasileira, e "Arrastão" arrasou, colocando compositor e intérprete (Elis) literalmente na boca do povo. Viriam outros festivais e mais vitória: "Ponteio", vencedora do III FMPB (batendo a música "Diana Pastora", do pai, Fernando), cantada por ele e Marília Medalha. Era muito barulho para o lobo. Ele preferiu sair de cena ("Fui empurrado para o palco. Nunca quis fazer sucesso", disse numa entrevista a Tárik de Souza [para o site *Cliquemusic*]) e foi para a França e depois os EUA, estudar composição a sério. Os discos *Sergio Mendes Presents Lobo*, em que se inclui uma inusitada versão de "Hey Jude", e *From the Hot Afternoon*, com o saxofonista Paul Desmond, foram as coisas boas da passagem por terras ianques (há também "Cantiga de Longe"). Mas o lobo cansou de viver longe da matilha e voltou para o país em 1971.

Dois anos depois, ao lado de Dori e Danilo Caymmi, lançou *Missa Breve* e, ao lado de Chico Buarque, orquestrou as músicas de *Calabar*. A dupla se reunia. E outras voltavam à ativa, com os trabalhos de Edu como compositor de trilhas sonoras para os "Casos Especiais", da Globo, dirigidos por Guarnieri. Os anos 80 foram dedicados ao cinema, com destaque para a música de *Barra Pesada*, de Reginaldo Farias, e a realização de um sonho antigo: gravar com Jobim (*Tom e Edu*).

Em 1983, juntou-se com Chico para atender a um pedido do Balé do Teatro Guaíra, de Curitiba, *O Grande Circo Místico* (o destaque é a sublime e perfeita "Beatriz"). A dupla voltaria a criar, dois anos depois, *O Corsário do Rei* e, em 2001, *Cambaio*. Em 1990, fez a trilha para o infantil *Rá-tim-bum*, da TV Cultura de São Paulo. Mas só a partir de 1992 Edu decidiu que era hora de voltar a caçar só: *Corrupião* (1992) e *Meia-noite* foram CDs de intérprete que evidenciaram o talento inesgotável e a maturidade para além de Jobim e da bossa-nova.

E o público, desinteressado. Contam-se nos dedos os poucos discos de Edu editados no país. "Compositor só compositor acaba desaparecendo no Brasil", desabafou. Personalidade demais é pecado abaixo do equador. Belos animais, os lobos, que não são bobos, são eternos ameaçados de extinção.

Carlos Haag

Alguns discos: *From the Hot Afternoon* (1970), *Sergio Mendes Presents Lobo* (1971/2000), *Cantiga* (1971), *Tom e Edu* (1981), *O Grande Circo Místico* (1983), *Corrupião* (1992), *Songbook* (1995).

Juan Esteves/FI

EGBERTO GISMONTI

Em 1967, Egberto Gismonti, então com 20 anos, abriu mão de uma bolsa de estudos em Viena para se dedicar à música popular; um ano depois, apresentaria sua composição "O Sonho" no III Festival Internacional da Canção da TV Globo, com arranjo para orquestra de cem músicos. Foi uma opção pelas origens, pelo jeito popular de fazer música aprendido com tio e avô, ambos mestres de banda na cidade fluminense de Carmo. Sobre a formação erudita – sem precedentes no contexto da MPB –, basta mencionar que estudou piano com Jacques Klein e composição em Paris com Jean Barraqué e Nadia Boulanger.

À *formação* acrescentemos duas *transformações*: o encontro com Sapaim no Xingu e o encontro com o produtor Manfred Eicher em Munique. Se o contato com os índios permitiu a Gismonti encontrar definitivamente sua própria voz, a gravadora ECM tem possibilitado, há mais de duas décadas, o desenvolvimento pleno dessa voz através de projetos impecáveis de LPs e CDs.

Cabe reformular a crítica predominante até os anos 80, que preteria seu conceito particular de Brasil em nome de um vago "experimentalismo": o caráter experimental está longe de ser o que há de mais importante na música de Gismonti. Ela é herdeira de certa matriz instrumental da MPB, que tem como pilares o virtuosismo de Pixinguinha, o piano de Nazareth e o violão de Baden Powell. A estes, devem-se adicionar Villa-Lobos e um Stravinski traduzido para o sertão nordestino.

Podemos agrupar sua produção em duas categorias: a complexidade das "músicas de sobrevivência", peças de caráter urbano, densas e polirrítmicas, e a simplicidade das canções instrumentais – herdeiras de *A Lenda do Caboclo*, de Villa-Lobos –, baseadas na música dos interiores do Brasil. São exemplos do primeiro grupo "Forró", "Forrobodó" e "Karatê"; do segundo, "Água e Vinho", "Palhaço" e "Um Anjo". Lembremos também que sua atuação não se esgota nas interpretações ao piano, teclados, violões e flautas indígenas: há que considerar – cada vez mais – as orquestrações, a escrita de câmara e as trilhas de cinema.

Gismonti tem seu lugar estabelecido ao lado dos mais fortes artistas da música popular brasileira. Isso não é pouco: significa que alguns fragmentos melódicos, harmônicos e rítmicos do que é o Brasil foram revelados, e passam para sempre, por sua música.

Sidney Molina

Alguns discos: *Dança das Cabeças* (1977), *Circense* (1980), *Alma* (1986), *Música de Sobrevivência* (1994), *Meeting Point* (1997). **Site:** www.ines.org/limbo/fanzine/gismonti

Janete Longo/FI

ELBA RAMALHO

Em Elba Ramalho, pulsa inteiro o Nordeste. O Nordeste buliçoso do frevo, da alegria do carnaval pernambucano, da irreverência dos xotes de Luiz Gonzaga, mas também o Nordeste choroso da seca, do lamento sertanejo do mesmo eterno Luizão ou dos amores mornos das canções de Dominguinhos. É aí que a *voz de acero* (voz de aço) da *ave salvaje*, como a chamou um crítico estrangeiro (no site www.musicasdelmundo.org), a voz avebala, rascante, cortando a garganta, se transforma no canto triste da juriti. E adquire modulações de uma doçura preguiçosa, como aquele jeito de se embalar na rede, à sombra de um bom alpendre, numa tarde ensolarada, seca mas nem por isso menos ventilada do sertão nordestino.

Quem viu Elba (1951-) nos primeiros anos da carreira, quem a viu logo depois que chegou ao Rio de Janeiro, lembra-se da moça de longos e ásperos cabelos, caindo em ondas rebeldes sobre os ombros e a testa, rosto marcado pela acne e sorriso permanente no rosto. Viera, junto com o Quinteto Violado, da Paraíba, onde largara um sisudo curso de sociologia para se entregar ao teatro e à música. Quando o Quinteto voltou, ela ficou, apresentando-se aqui e ali junto com os artistas de Pernambuco e da Paraíba: Alceu Valença, Geraldo Azevedo e Zé Ramalho. E, lá no fundo do palco, sua presença tinha aquela simpatia brejeira das moças das feiras de interior. Era sabida, falante, enxerida, com aquela evidente vontade de acontecer no Sul Maravilha.

E Elba aconteceu. Elba acontece a cada aparição no palco, explosiva, forte, energética. Elba se fez bela, sensual, urbana, sem, no entanto, ter perdido o jeito de Nordeste que está nela, que é ela.

Primeiro aconteceu como atriz, na *Ópera do Malandro* (1978), de Chico Buarque. Melhor dizendo, cantatriz, porque sua atuação no palco ou na tela sempre aliou esses dois talentos naturais. É bem verdade que Elba é uma atriz marcada pela nordestinidade e, como aliás acontece com o ator nordestino em geral, destinada a sempre viver os papéis que são (tais como os dos negros) tradicionalmente destinados aos nordestinos. Não importa. Elba triunfa numa performance sensacional em *Morte e Vida Severina.*

Se Elba é o Nordeste, é também a mulher que viveu o desbunde dos anos 70. E é por isso que Elba não tem medo de amar e de gostar de garoto bonito. É por isso também que Elba é portadora daquele admirável otimismo daquela gente simpática e despojada daquele tempo, que adorava morar em Santa Teresa e viajar para Visconde de Mauá. Gente capaz de ver disco voador, em cuja casa o cheiro de incenso e de *patchouli* vem de algum altarzinho onde se evidencia um misticismo radicalmente sincrético. E talvez seja desses nichos espirituais, herança de uma cultura singela que adoçou a juventude dos que hoje trafegam pela casa dos 40, que ela tire toda a sua força. Pois, no palco, com sua banda, Elba é pura energia, pura força, essa força que vem da terra, terra tórrida e áspera como a alma nordestina, alma de gente valente que pega o destino nas mãos e o transforma. Salve, Elba!

Isabel Lustosa

Alguns discos: *Morte e Vida Severina* (1977), *Elba Ramalho* (1981), *Leão do Norte* (1996), *O Grande Encontro – Alceu Valença, Elba Ramalho, Geraldo Azevedo e Zé Ramalho* (1996), *Baioque* (1997), *Solar* (1999). **Site:** www.elbaramalho.com.br

Bel Pedrosa /FI

ELZA SOARES

"Minha filha, de que planeta você veio?", debochou o compositor Ary Barroso em seu programa de calouros no rádio, nos idos de 1950. A garota de 13 anos, embrulhada em panos dominicais, disparou: "Eu vim do planeta fome". Depois escancarou ao microfone "Lama", já com aqueles graves roucos que poucos bambas do jazz americano logravam (e mulher nenhuma conseguia antes). O vibrato, que é mais um *scat*, inspirado em Louis Armstrong, e o fraseado de samba de morro selariam o sucesso de "Se Acaso Você Chegasse", continuando-se como marcas personalíssimas na trajetória da última diva do samba.

O tal "planeta fome" da infância de Elza Soares não era bem a favela de Água Santa, no subúrbio carioca de Engenho de Dentro, berço no qual a cantora identifica certa dignidade, mas sim um casamento precoce, com maternidade aos 12 anos. Viúva aos 18, ela ainda esperou dois anos para abandonar a ocupação de lavadeira e começar a figurar em shows no Teatro João Caetano, onde conheceu Grande Otelo. O ator lhe transmitiu sentido teatral na interpretação e na construção do repertório, já patente no disco de estréia, de 1959: o lado B do 78-rpm trazia inesperada versão de "Mack the Knife", de Brecht-Weill.

No teatro musical, acompanhou a cantora Mercedes Batista e conquistou uma primeira platéia estrangeira, argentina. A ausência de protetor ou empresário forte transforma a carreira em verdadeiro carrossel a partir de 60: cantora das rádios Mauá e Tupi, *crooner* de boates no Rio e em São Paulo, convidada do Festival de Bossa Nova na TV Record, enviada especial a um show na Copa do Mundo de 1962, no Chile, onde cantou com Louis Armstrong... Até um show-solo mais afirmativo, *Elza de Todos os Sambas* (1967), no qual interpretava os maravilhosos sambas-enredos da época, gravados por ela em seguida. Já assumira publicamente, então, romance com o craque Garrincha, casado e pai de filhas. Os ataques moralistas ao casal rimavam com o clima da ditadura militar e determinaram longos períodos de auto-exílio na Europa e nos EUA, na década de 70. A Itália lhe deixou a recordação mais preciosa: foi escalada para substituir Ella Fitzgerald em temporada de shows com o grande Oscar Peterson.

A aura de "maldita" cresceu com a morte de Garrincha, em 1983, e com a depressão profunda que se seguiu à morte do filho Garrinchinha, em 1986. Afastou-se de gravações por quase dez anos e, conforme conta, só saiu do poço com ajuda das senhoras de candomblé do Ilê Opô Afonjá de Salvador, para o qual gravou disco. Depois da participação em "Língua", no álbum *Velô* (1984), de Caetano Veloso, sua presença passou a ser solicitada por sambistas modernos, como

José Miguel Wisnik. Em 2000, foi premiada como "cantora brasileira do milênio" pela emissora BBC de Londres, onde cantou após período de recuperação de uma grave queda de palco, no Rio, em 1999.

A voz segue soberana e, nas melhores noites, salta de maneira arrepiante entre quatro oitavas. As interpretações dramáticas atingem voltagens cada vez mais altas, roubando a cena, por exemplo, no musical de Ivaldo Bertazzo, *Folias Guanabaras* (2001), ao lado de jovens bailarinos da favela da Maré, justamente inspirados pela personalidade de batalhadora e pela incrível capacidade de auto-renovação dessa fênix da MPB.

Repaginada para soar definitivamente moderna pelo produtor e compositor José Miguel Wisnik, a cantora conheceu em 2002 um de seus maiores sucessos em disco: *Do Cóccix Até o Pescoço*, com canções inéditas de Chico Buarque (a homenagem "Dura na Queda"), Caetano Veloso e Arnaldo Antunes.

Alvaro Machado

Alguns discos: *Trajetória* (1997), *Carioca da Gema – Elza ao Vivo* (1999), *Raízes do Samba* (1999), *Do Cóccix Até o Pescoço* (2002). **Livros:** Ruy Castro, *Estrela Solitária* (sobre Garrincha; 1995); José Louzeiro, *Cantando Para Não Enlouquecer* (1997).

Marlene Bergamo/FI

ÉPOCA DE OURO

Não se compreende o choro sem um quintal." Nem se faz choro sem craques. E era no mítico quintal da residência em Jacarepaguá (zona oeste do Rio) de sua majestade Jacob do Bandolim – o dono da frase entre aspas (depoimento ao MIS, 1967) – que se realizavam os fantásticos ensaios do Época de Ouro.

Organizado em 1966 por Jacob – cujo nome real era Jacó Pick Bittencourt – e composto só de músicos "enjoados", o primeiro time do Época era formado com a lenda viva Dino Sete Cordas, César Faria (o pai de Paulinho da Viola) no violão de seis, Carlinhos no outro violão de seis, Jonas no cavaquinho, Gilberto d'Ávila no pandeiro e Jorginho no ritmo.

Taticamente, o escrete funcionava mais ou menos assim: a linha média, com os três violões e um discreto e seguro cavaquinho, concatenava a harmonia – que Pitágoras pensou controlar o universo –, enquanto o pandeiro e os outros possíveis instrumentos percussivos faziam as vezes do coração do elenco, ditando sincopado ritmo ao jogo, fino, de dentro. Os gols eram feitos por Jacob, que brilhava. Ele comandou essa formação até sua morte, em 1969, com apenas 51 anos de idade. Os mais importantes registros dessa fase são o memorável LP *Variações*, de 1967, e o LP gravado no célebre show com Elizeth Cardoso e Zimbo Trio, em 1968, no MIS do Rio.

Depois da morte de Jacob, o Época só voltaria a atuar em 1973, sob a liderança de César Faria, com Damásio no lugar de Carlinhos e o craque Déo Rian no de Jacob.

Em 1974, lançaram pela Continental o LP *Conjunto Época de Ouro*, em que estão as admiráveis faixas "Choro Negro" (Paulinho da Viola e Fernando Costa) e "Noites Cariocas" (Jacob do Bandolim).

Depois, fizeram apresentações esporádicas na TV e nos grandes encontros promovidos pelo Clube do Choro, no Rio. Dessas reuniões nasceu, em 1976, o LP *Clube do Choro – Conjunto Época de Ouro*. Uma excelente mostra do que se ouvia por lá.

Em 1985, Jonas e seu cavaquinho deixaram o grupo – ele morreria em 1997. Atualmente, a formação titular é Dino Sete Cordas, César Faria e Toni (violões); Jorge Filho (cavaquinho) e Ronaldo (bandolim); e Jorginho do Pandeiro, atual líder do conjunto (ritmista).

Os trabalhos mais recentes do grupo estão no CD *Café Brasil* (2001), o qual conta também com a participação de grandes nomes da MPB, entre eles Marisa Monte, Sivuca e João Bosco. Uma jóia.

Importantíssimos, os chorões do Época de Ouro têm a força das lendas da MPB. Saídos de biroscas como o Sovaco de Cobra, no Rio, eles são músicos capazes de encapetadas mirabolâncias em improvisos impossíveis.

Dão Nó em Pingo d'Água; fazem música boa feito Água de Moringa; difícil como uma Trinca de Ases num carteado de malandros; matreira como um Galo Preto – para citar só quatro de seus muitos descendentes. Surpreendem e saciam os ouvintes que perambulam pelo *dial* brasileiro. Só não os ouviu ainda quem é avesso a grandezas e importâncias.

Renato Roschel

Alguns discos: *Variações* (1967/89), *Conjunto Época de Ouro* (1974), *Café Brasil* (2001). **Alguns sites:** www.uol.com.br/folha/almanaque/musicaindex.htm, www.samba-choro.com.br

Juca Varella/FI

ERASMO CARLOS

Há cerca de meio século, com o rock, o twist e a beatlemania, a juventude, internacionalmente, dava à sociedade ruidosos sinais de sua existência. Artistas – e os compositores entre eles – são aqueles que sabem pegar no ar sensibilidades ainda indefinidas e dar-lhes forma. Fãs da bossa-nova e do rock americano, Roberto e Erasmo Carlos, dando início a uma parceria lendária, inventaram o iê-iê-iê, um pop-rock à maneira brasileira que fazia uso das tecnologias de som então vigentes. A partir de sua estréia na Record, em setembro de 1965, a "brasa, mora" do fenômeno Jovem Guarda fez ferver a MPB.

Na televisão, a música é algo híbrido. Disso os jovem-guardistas sabiam tirar partido, aliando a voz à performance de gestos ritualizados. Com a bossa-nova, haviam aprendido que o microfone, amplificador do espaço acústico, pedia interpretações vocais despojadas, sem impostação. A essa lição a Jovem Guarda acrescia – junto com a indumentária, as frases de efeito e a parafernália dos instrumentos elétricos – a potencialidade que o microfone oferece para a expressividade gestual. Não apenas os jovens, mas gente de todas as idades, ainda inocentes dos anos negros que estavam apenas se iniciando, tinham seu lugar cativo na frente da telinha naquelas jovens tardes de antigos domingos. A adesão coletiva a "E que Tudo Mais Vá pro Inferno" (Roberto) e "Festa de Arromba" (Erasmo) foi um fato cultural que só encontraria similar, longos anos mais tarde, no fato político da adesão às Diretas Já.

O iê-iê-iê é música rítmica, animada, mas é um rock brando, de tempero ingênuo, brincalhão, singelo. O estado de espírito que esse som encarnou passou, mas o singelo não pode morrer dentro de nós. No coração de todo ser humano – pelo menos daqueles que a vida não machucou demasiadamente –, há um recanto singelo. Esse recanto é habitado pela fé utópica no riso, no amor e na vida.

Nos 40 anos de sua carreira, Erasmo Carlos (1941-) permaneceu fiel a si mesmo. Por isso, em todo esse tempo, sua música vem preservando, com humor delicado e um certo fio de ironia, a singeleza sincera e divertida que era marca registrada da Jovem Guarda. Prova disso está em "Cachaça Mecânica", em "Haroldo, o Robô Doméstico", nos trocadilhos de "Orgasmo Calmo" ou no "Meu Boomerangue Não Quer Mais Voltar". Aos 60 anos, em seu 22º disco, EC ainda brinca com "Desenho Animado" e "Bicho de Estimação". Não foi à toa que, nos anos 70, gravou discos antológicos e, nos 80, foi celebrado pela então nova geração de artistas do pop-rock, garantindo com isso a renovação de seu público. Não é à toa que "Vem Quente que Eu Estou Fervendo", "Sentado à Beira do Caminho", "Sou uma Criança, Não Entendo Nada", "Mesmo que Seja Eu" (esta especialmente na voz de Marina), "Filho Único" e os lindos duetos com Adriana Calcanhotto ("Do Fundo do Meu Coração") e Marisa Monte ("Mais um na Multidão") ressoam sempre vivos aos ouvidos de todos aqueles que o têm acompanhado por essas décadas.

Muita gente aprendeu com Erasmo que, além de ser matéria lúdica, a música é feita para entoar meigas palavras de amor. Por fora, sua "fama de mau" e sua performance de "tremendão" apenas servem para disfarçar toda a ternura que vem de dentro: "Foi um trabalho duro/ Ninguém ficou cansado/ Foi o amor que fez/ O serviço mais pesado".

Lucia Santaella

Alguns discos: *O Tremendão* (1967), *Carlos, Erasmo* (1971), *Amar pra Viver ou Morrer de Amor* (1982), *Erasmo Carlos* (1985), *Sou uma Criança* (1989), *É Preciso Saber Viver* (1996), *Pra Falar de Amor* (2001). **Site:** www.usinadosom.com.br/erasmocarlos/

Antônio Gaudério/FI

FERNANDA ABREU

Por que uma garota de nariz aristocrático e boca carnuda de artista de cinema, bem-nascida, bem-educada, bem relacionada, joga tudo isso para o alto e vai buscar um público no morro carioca? Este é o enigma que Fernanda Abreu nos propõe desde 1989, quando, ao emergir com sua carreira solo depois do fim da Blitz, apareceu com uma banda funk, para surpresa e desconcerto de todos que a acolheriam, de bom grado, na trilha pop.

O Rio de Janeiro é a única chave para decifrar a arte e a alma de Fernanda. A cidade lhe corre nas veias e a conduz, por canais e dutos muito próprios, a mundos que não são seus. Ou melhor: não eram, até que ela tomou posse desses territórios aparentemente hostis. Fernanda escolheu cantar o submundo carioca e canta para ele, com a batida da lata sampleada e as letras que falam de "comando de comando, submundo marginal", como em "Rio 40 Graus" – a mais completa tradução de uma cidade partida, "purgatório da beleza e do caos". A canção, de 1992, em parceria com Fausto Fawcett e Laufer, é talvez a mais conhecida e emblemática da obra de Fernanda. Ela pulsa de atualidade e pertinência. Fernanda não julga, não condena, não dá lição de moral. Deve ser por isso que tem passe livre no subúrbio.

A mocinha que nasceu em 1961 no bairro do Jardim Botânico, estudou balé e passou no vestibular de arquitetura da PUC – reduto da inteligência chique do Rio de Janeiro – deixou-se apanhar pela Blitz e caiu na estrada sem ter conseguido o diploma. Nos anos 80, a banda comandada por Evandro Mesquita inscreveu seu registro na história, mas o fôlego foi tão curto quanto a viagem. Depois que a Blitz se dissolveu, em 1986, a musa do grupo ficou quase três anos pensando no que fazer até ser capturada pelo funk – ou se reconhecer nele – em excursões guiadas por gente sangue-bom: DJs, MCs e o antropólogo Hermano Vianna.

Obter um salvo-conduto para transitar nesses dois mundos diferentes, da zona sul e da zona norte cariocas, exigiu persistência. Em *Da Lata*, disco lançado em 1995, Fernanda Abreu conceituou o gênero no qual estava trabalhando com tanto empenho e, ao convidar para bater lata no "batuque samba-funk", consagrou um termo para definir o ritmo que balança ainda a moçada carioca.

Enquanto olha desafiadoramente para qualquer câmera apontada em sua direção, pode ser que Fernanda esteja apenas tentando disfarçar a moça de família que teima em mostrar sua cara. O casamento com o artista plástico Luiz Stein é um porto seguro para as duas meninas do casal, que, daqui a pouco, vai comemorar bodas de prata. Fernanda quer ser multimídia e faz exercícios nas artes plásticas e no *sampler* quando a direção e a produção dos próprios espetáculos abrem brechas. Dizem que está sempre disposta a tudo, desde que seja no Rio, para o Rio, sobre o Rio. E com o Rio, que não tem braços abertos para qualquer um.

Mônica Waldvogel

Alguns discos: *Sla Radical Dance Disco Club* (1990), *Sla 2 Be Sample* (1992), *Da Lata* (1995), *Raio X* (1997), *Entidade Urbana* (2000). **Site:** www.uol.com.br/fernandaabreu/

Marchetti/FI

FRANCIS HIME

Tom Jobim é um piano, Caymmi, um violão, Vinicius, uma caneta, Noel, um terno branco. Por analogia, Francis Hime é uma orquestra. E uma orquestra sinfônica. Não uma sinfônica convencional, apoiada exclusivamente nas cordas, madeiras e gravatas, mas uma formação enriquecida por metais de gafieira, cavaquinhos de chorões e tamborins de escola de samba. Francis (1939-) é toda uma base – anos de estudo de composição, orquestração e regência com os mestres europeus e americanos da especialidade – assentada sobre raízes que atendem pelos nomes de Pixinguinha, Ary Barroso, Ataulfo Alves, Dalva de Oliveira e muitos cantores e instrumentistas ouvidos de passagem na infância, quando se ligava o rádio ou a vitrola na casa de sua família, no Rio. Se a música do Rio é uma *fusion* – a música de todos os Brasis confluindo para um estuário onde as águas se misturam e ganham ritmo e densidade –, Francis é essa *fusion* de calças.

É verdade, ele é também um melodista romântico de primeira. Pense em "Sem Mais Adeus", "Minha", "Último Canto", "Atrás da Porta", "Trocando em Miúdos", "Embarcação", canções que vieram dar nova dignidade ao formato quase esquecido e tão vilipendiado do samba-canção. Mas é também um homem do samba ("Vai Passar", "Clara", "Anoiteceu", "Tereza Sabe Sambar"), do choro ("Meu Caro Amigo", "Gente Carioca", "Choro Rasgado", "Maracanã"), das toadas, das valsas e até dos xaxados. A todos esses ritmos brasileiros, Francis empresta seu inspirado refinamento e deles toma emprestado a vitalidade e a beleza. Atenção: essas não são palavras vazias. Com Francis Hime (agora que já não temos Villa-Lobos, Radamés Gnatalli, Tom Jobim, Luizinho Eça), estamos diante de um compositor cujo domínio da técnica permite vôos de asa-delta – ou de orquestra – à criação.

No passado, Francis escreveu sinfonias, peças de câmera e concertos para violão. Mas a música erudita é um país em si, supranacional, e Francis é brasileiro demais para se mudar para ele. Os parceiros que tem tido ao longo da carreira (Vinicius de Moraes, Ruy Guerra, Chico Buarque, Paulo César Pinheiro e Geraldo Carneiro, entre os principais) o fixaram ao nível do mar. A prova de que, para ele, é possível voar e pousar brilhantemente está na sua *Sinfonia do Rio de Janeiro de São Sebastião*: um poema sinfônico em cinco movimentos – lundu, modinha, choro, samba e canção –, cada qual retratando uma época do Rio nesses últimos 500 anos. É, por enquanto, a *fusion* definitiva entre o popular e o erudito na música brasileira. E não vai aí uma contradição em termos: o por-enquanto desse definitivo só vale até que o próprio Francis, a bordo da orquestra, resolva superá-la.

Ruy Castro

Alguns discos: *Sinfonia do Rio de Janeiro de São Sebastião* (2002), *Choro Rasgado* (2002). **Livro:** *Songbook Francis Hime* (2001).

Patrícia Santos/FI

GAL COSTA

Seu nome não é Gal. A baiana Maria da Graça Costa Pena Burgos, nascida em Salvador em 1945, era Gracinha na roda social e Gau para os mais íntimos. Em menina, usava as panelas da cozinha para amplificar a voz e controlar melhor sua emissão, como num estúdio de gravação. Tornou-se Gal Costa por sugestão do empresário Guilherme Araújo e com a desaprovação de Caetano Veloso, que não queria sua principal intérprete homônima do segundo presidente militar, gal. Costa e Silva. Araújo via na cantora um prodigioso futuro como a nova rainha do iê-iê-iê, uma espécie de "super-Wanderléa" com repertório sofisticado, o que também destoava das pretensões de Caetano Veloso.

Conheceu Gil, Bethânia, Caetano e Tom Zé em 1963 e com eles montou no ano seguinte o espetáculo musical *Nós, por Exemplo*. Com Caetano Veloso gravou seu primeiro LP, *Domingo*, em 1967, com arranjos de Dori Caymmi e orientação de Rogério Duprat, para quem o repertório devia superar a oposição MPB/ Jovem Guarda, ou bossa-nova/samba tradicional.

A explosão de Gal viria em 1968, quando interpreta "Divino Maravilhoso" (de Caetano e Gil) no IV FMPB, da TV Record, ganhando o terceiro lugar. A canção se firma como um libelo antiditadura, num clima de rebeldia estudantil que prefigurava a luta armada. O refrão pregava "É preciso estar atento e forte/ Não temos tempo de temer a morte", e a voz cristalina de Gal humanizava as imagens violentas da música e contrastava com a força do lema "Tudo é perigoso".

Identificada desde o início com o movimento tropicalista e sua excêntrica convivência com a diversidade, Gal participa de *Tropicália ou Panis et Circensis*, o disco histórico de 1968, com a canção "Baby", encomendada a Caetano pela irmã dele, Bethânia, que não participou do disco e delegou para Gal o que viria a ser um de seus maiores sucessos.

Desde então, Gal já duelou com uma guitarra (e venceu) em "Meu Nome É Gal" (Roberto e Erasmo); cantou o exílio de Caetano em "London, London"; celebrou o país em "Aquarela do Brasil", de Ary Barroso, e "Festa do Interior", de Moraes Moreira e Abel Silva. São mais de 30 anos de uma voz translúcida, íngreme e aguda, a um tempo pop e regional do Recôncavo. Ao obscurantismo político dos anos 60-70, Gal opôs sua claridade vocal. Na atualidade de sons tão desiguais, sua voz é um leme seguro. De Noel Rosa a Macalé, de Jobim a Herbert Vianna, o repertório que a baiana tem se faz, por sua voz, atemporal. Se Gal não aderiu ao predestinado iê-iê-iê, tampouco o renegou. O lugar de "musa fatal", que às vezes dilui a personalidade de seu canto, abarca um ecletismo que vai do pop à MPB, passando por bolero, jazz, frevo e samba. Poucos intérpretes podem arriscar-se a tanto.

A "Força Estranha", que Roberto Carlos lhe dedicou, ainda paira como um "objeto não-identificado". Por isso essa voz tamanha.

Yudith Rosenbaum

Alguns discos: *Legal* (1970), *Gal a Todo Vapor* (1972), *Índia* (1973), *Água Viva* (1978), *Gal Tropical* (1979), *Acústico* (1997), *De Tantos Amores* (2001). **Site:** www.galcosta.com.br

Ana Ottoni/FI

GILBERTO GIL

São Paulo, 1967, III Festival da Música Popular Brasileira: Gilberto Gil, aos 25 anos, de cabelos aparados, cavanhaque, paletó e violão em punho, ainda parece o modelo intelectualmente respeitável do compositor sério e engajado, eleito pela esquerda universitária como o herói musical daqueles tempos de efervescência política. À sua direita, um berimbau sugere o compromisso com a canção de protesto rural-nordestina, tão em voga na época. À sua esquerda, no entanto, o ruído: a companhia de guitarras elétricas e daquela lourinha *flower-power* dos Mutantes contraria o *script* da MPB de "qualidade". A apresentação de "Domingo no Parque" é um grito de liberdade criativa e renovação musical.

Uma década antes, o nome da novidade era bossa-nova, mas, naqueles anos de politização que se seguiram, o amor o sorriso e a flor ficaram no papel do feliz poeta na guerra contra o esfomeado. A defasagem semântica da bossa e as urgências políticas abriram alas para o triunfo da *protest song* de raízes, elevada a paradigma da música *nacional* pelo esquematismo da esquerda "antiimperialista".

A lição complexa e moderna dos bossa-novistas continuava, contudo, viva. Era só balançar que a corda levaria de volta para ela. E Gilberto Gil balançou. Ele, criança de Ituaçu, que trazia em si, organicamente, a cultura nordestina, ele, que amava Luiz Gonzaga e os Pífanos de Caruaru. Pois ele foi tocado pela novidade – e, entre os Beatles e a capoeira, a universidade e o universalismo, o Brasil e o mundo, preferiu ficar com todos.

Hoje, Mutantes e tropicalistas são parte de uma bela história moderna do Terceiro Mundo. Caetano Veloso é certamente a figura central da Tropicália, mas sem Gilberto Gil não haveria nem Tropicália, nem figura central. Numa adorável *boutade* dita a Antonio Risério, Caetano afirmou certa vez ter sido "muito influenciado pelo tropicalismo". Gil, que influenciou a todos com sua tremenda energia musical, certamente também o foi. E a "influência tropicalista" fez de seu pós-tropicalismo um momento alto de nossa música popular – mas não apenas dela. Mais de duas décadas depois, o *New York Times* classificou o LP *Gilberto Gil* (1971, exílio londrino) como obra-prima do "rock" daquela geração. Com a regra e o compasso da modernidade (e da Bahia) nas mãos, o autor de *Expresso 2222* (1972), *Refazenda* (1975) e *Revafela* (1977) tem sido um esplêndido *refazedor* de tradições musicais brasileiras, do samba ao baião de *Eu, Tu, Eles* (2000). Tornou-se mais negro, fez um disco único com Jorge Ben, foi à África, incorporou o reggae e permaneceu ereto, discípulo fiel de Luiz Gonzaga, João Gilberto e Dorival Caymmi. Um grande artista universal brasileiro.

Marcos Augusto Gonçalves

Alguns discos: Além dos já citados, *Gilberto Gil* (1968), *Gilberto Gil* (1969), *Ao Vivo em Montreux* (1978), *Unplugged* (1994), *Quanta Gente Veio Ver* (1998) e a imperdível *bonus track* "Sgt. Peppers's" em *Gilberto Gil* (1971), na versão da caixa *Ensaio Geral* (1999). **Site:** www.gilbertogil.com.br

Eder Chiodetto/FI

GUINGA

Carlos Althier de Souza Lemos Escobar tem nome e postura de músico erudito. Mas é um compositor popular. Ele mesmo se diz um compositor de canções.

"Guinga" é apelido de criança, e desde garoto seu instrumento é o violão. Carioca nascido em 1950, estreou na carreira artística em 1967, no II Festival Internacional da Canção. Quase 25 anos depois, gravou seu primeiro disco solo: *Simples e Absurdo* (1991).

Guinga coleciona elogios. Hermeto Pascoal diz que ele é um desses músicos que só nascem a cada cem anos. Para Ed Motta, ele é simplesmente o melhor do mundo. O violonista Turíbio Santos – que gravou cinco peças instrumentais de Guinga no disco *Fantasias Brasileiras* – o considera uma enciclopédia, um "amador" no sentido jobiniano, que conhece tão bem os sambas de morro quanto as valsinhas, polcas e xotes dos primeiros tempos da produção musical brasileira. Sua música traz ecos de Villa-Lobos, Garoto,

Satie, Bach e Cole Porter. É um compositor genial, colorido, inventor de tessituras e nuances, capaz de fazer um fox contemporâneo e um samba tão bom quanto os de Nelson Cavaquinho.

Seus parceiros mais constantes são Paulo César Pinheiro e Aldir Blanc, grandes letristas dignos da escola de Noel Rosa. Com Paulo César, Guinga teve seu primeiro grande êxito, na voz de Clara Nunes: "Valsa do Realejo", no LP *Claridade* (1975), que vendeu 300 mil cópias. Elis Regina, grande farejadora de talentos, rapidamente gravou "Bolero de Satã" em 1979. Exatos 20 anos depois, Leila Pinheiro dedicou o CD *Catavento e Girassol* à obra de Aldir Blanc e Guinga, gravando 14 canções da dupla. Mas foi o grupo vocal MPB 4 que lançou Guinga como compositor. Em 1973, eles gravaram "Conversa com o Coração" e "Maldição de Ravel".

Como violonista, Guinga lembra Garoto, não só pelo virtuosismo com que dedilha as cordas, como também pelo fato de que Aníbal Augusto Sardinha era admiradíssimo por seus pares (João Gilberto o tem como grande referência) mas quase ignorado pelo público. Guinga acompanhou Cartola na primeira gravação de autor do clássico "As Rosas Não Falam". Nos discos solo, conta com presenças especiais, como Chico Buarque, Djavan, Lenine e Alceu Valença, mais sopros de Paulo Sérgio Santos e Zé Nogueira e arranjos de Leandro Braga, Chiquinho de Moraes e Jaques Morelenbaum. Com o CD *Cheio de Dedos* (1996), ganhou três prêmios Sharp, num trabalho em que brilham o violonista e o compositor de temas instrumentais.

Guinga viaja o Brasil e a Europa, levando mais sua música instrumental do que suas canções. Ganha páginas de elogios nos principais jornais, mas não toca nas rádios populares, nem muito menos aparece na televisão. Alguém já contou 150 gravações da obra desse compositor carioca. Ainda é pouco para a magnitude de seu repertório.

Patricia Palumbo

Alguns discos: *Simples e Absurdo* (1991), *Delírio Carioca* (1993), *Cheio de Dedos* (1996), *Suíte Leopoldina* (1999), *Cine Baronesa* (2001). **Livro:** Mario Marques, *Guinga – os Mais Belos Acordes de Subúrbio* (2002).

Hélio Magamine/FI

HELENA MEIRELLES

Descoberta pela mídia brasileira nos anos 90, depois de ter sido reconhecida e premiada pela revista norte-americana *Guitar Player*, Helena Meirelles é festejada como uma representante da música sertaneja "de raiz". Multiinstrumentista (viola, violão, rabeca) e compositora, igualmente notável é sua trajetória de vida: foi prostituta (e dona de bordel), benzedeira, parteira, cozinheira e faxineira em fazendas. Proibida de tocar viola pelos pais desde menina, aprendeu aos nove anos de idade, olhando os tios, que afinal legitimaram seus prodígios em festas de família e na fazenda em que moravam (nasceu em 1924). A mãe de sua bisavó era índia e foi caçada a laço nas matas do Paraguai. Helena casou-se pela primeira vez aos 16 anos, para fugir de casa.

Em boa parte de suas composições, ouvem-se (ao contrário do que acontece com violeiros recentes que tendem a "eruditar" a viola) melodias de flagrante coloração infantil. Muitas lembram mais cantigas de roda, ou brincadeiras imitando o passo de cavalos e sons de animais, do que os ritmos pantaneiros propriamente ditos, que são a referência mais imediata. A infância que nunca teve (muito cedo precisou resistir ao assédio sexual do próprio pai, como é ainda tão comum no Brasil), ela foi construí-la e encontrá-la no instrumento com que brinca.

A ida para a zona do meretrício também surge, em suas entrevistas, como a busca de uma "farra". Nem feminina nem masculina, Helena Meirelles lembra outras artistas que, cedo ou tarde, conseguiram erguer-se acima da miséria social e familiar brasileira: faz pensar em mulheres como Dercy Gonçalves e Clementina de Jesus.

Como é tradição entre os violeiros mais extraordinários do Brasil, e seguindo um arquétipo sertanejo que se tornou clássico na obra de Guimarães Rosa, Helena Meirelles também confessa pactos de ordem mística para chegar aonde chegou: sua palheta, de chifre de boi, é fabricada num ritual na base de uma figueira em noite de Sexta-feira da Paixão. "Diz que tudo que toca tem parte com o capeta, menos o violino, que é em forma de cruz", ela explica. O violão com acordoamento novo era levado a um pé de figueira à meia-noite. As palhetas tinham de estar prontas antes de o sol nascer.

Sacrificou tudo, foi dando filhos para parentes criarem, em 1959 sumiu do mapa. Em busca da brincadeira perdida, acabou colocando o mundo inteiro na roda.

Gilson Schwartz

Discos: *Helena Meirelles* (1994), *Flor da Guavira* (1996), *Raiz Pantaneira* (1997). **Site:** http://cliquemusic.uol.com.br/zbr/helena_meirelles.asp

Moacyr Lopes Junior /Fl

HERMETO PASCOAL

Não foi só pela longa cabeleira e pelas barbas brancas que Hermeto Pascoal ficou conhecido como "o Bruxo", ainda nos anos 70. É quase inevitável pensar em magia ao vê-lo criar música com uma parafernália de objetos insólitos, como chaleiras, bacias, garrafas, brinquedos e até máquina de costura – sem esquecer o piano e diversos instrumentos convencionais de sopro e percussão. Para Hermeto, a música pode ser extraída de qualquer coisa, inclusive do próprio corpo.

Foi graças a essa inventividade radical que o Bruxo se tornou um dos músicos brasileiros mais cultuados na cena internacional, especialmente entre apreciadores do jazz. Acostumados ao procedimento de composição instantânea que caracteriza esse gênero, eles sabem avaliar a riqueza dos inusitados improvisos de Hermeto. E esse é só um aspecto de seu originalíssimo universo musical, que combina ritmos tradicionais do Nordeste – baião, frevo, xaxado – com elementos jazzísticos e liberdades rítmico-harmônicas que o aproximam da música experimental.

Nascido na pequena Lagoa da Canoa (distrito de Arapiraca, AL) em 1936, Hermeto só não se tornou roceiro como o resto da família porque era albino e isso o impedia de se expor ao sol. Autodidata, aos 11 anos já tocava sanfona em forrós e bailes. Atuou em Recife e no Rio de Janeiro antes de ter-se mudado para São Paulo, em 1961. Ao integrar o Quarteto Novo, em 1967, ingressou na linha de frente da música brasileira. E, já radicado no Rio, a partir dos anos 70, formou dezenas de instrumentistas de primeiro time em seus grupos.

Ironicamente, a música de Hermeto sempre foi mais valorizada no exterior. Isso explica o fato de sua reduzida discografia não fazer jus à grandeza de suas contribuições artísticas. Gravou apenas 13 álbuns individuais – alguns ainda inéditos no formato CD. Por outro lado, grupos criados por seus discípulos, como o Curupira e a Itiberê Orquestra Família, indicam que a música livre do Bruxo continua influenciando as novas gerações. Será que o Brasil só reverenciará devidamente a genialidade de Hermeto depois de perdê-lo?

Carlos Calado

Alguns discos: *Slaves Mass* (1977), *Ao Vivo – Montreux Jazz* (1979), *Lagoa da Canoa, Município de Arapiraca* (1984), *Eu e Eles* (1999). **Site:** http://cliquemusic.uol.com.br/zbr/hermeto_pascoal.asp

Daniel Guimarães/FI

IRA!

Final dos anos 70. São Paulo vivendo os estertores do sonho metalúrgico/automotivo. Os deserdados desse "milagre" expelidos pro pesadelo real das calçadas. Os filhos deste solo num desconforto difuso, pouco atenuado por fantasias democráticas. O punk rock, mais que a ideologia da resistência à ditadura, começava a tocar os corações. Na contramão de uma "MPB de denúncias", insinuam-se sonoridades explosivas. Na época, Edgard Scandurra e Nasi, colegas de escola, freqüentavam shows na periferia; ali, o rock gritava das garagens não apenas por um "mundo melhor", mas pelo mundo em que viviam. Edgard e seu amigo Dino haviam montado o Subúrbio, em que Nasi chegou a performar num dos famosos festivais internos do Colégio Objetivo. O Ira, ainda sem ponto-de-exclamação, surgiu num show da PUC em 1981. A homenagem ao Exército Republicano Irlandês configurava uma sigla que, por si só, dizia tudo o que era necessário ao momento. O grupo, que chegou a contar com Charles Gavin na bateria e Dino no baixo, começou a decolar em 1983, quando o produtor Pena Schmidt os levou para a Warner. Em 1985, trocando de baterista com os Titãs (vem André Jung para o lugar de Charles) e Dino por Ricardo Gaspa, gravam seu primeiro LP. O repertório, conhecido pelos antenados, não demoraria a sair do circuito *cult*. "Núcleo-base", "Pobre Paulista", "Receita Para Se Fazer um Herói" e "Nasci em 62" constituíram uma nova sensibilidade, mais urbana e degradada, essa que nos define na virada do milênio. O jovem brasileiro podia afirmar-se criticamente perante um país que prometeu e não cumpriu. Uma criticalidade forjada na guitarra agressiva de Scandurra (que mantém uma carreira solo de vigorosas pesquisas sonoras) e na vocalização encorpada de Nasi. O radicalíssimo álbum *Psicoacústica*, de 1988, logo após o sucesso comercial da música "Flores em Você", tema da novela *O Outro*, da Rede Globo, dizia bem da inquietude moral, formal e poética da banda. Após 11 discos lançados, muitos deles premiados, sem vergonha de flertar com o romantismo juvenil explícito, poemas enxutos, por vezes violentos, mas sempre eletrizantes, o Ira! deixou claro que São Paulo até pode ser o túmulo do samba, mas é certamente um dos templos do nosso *rock 'n' roll*.

Fernando Bonassi

Alguns discos: *Vivendo e Não Aprendendo* (1986), *Isso É Amor* (1999), *Ira! ao Vivo* (2000) e *Entre Seus Rins* (2001).
Site: www.uol.com.br/ira/

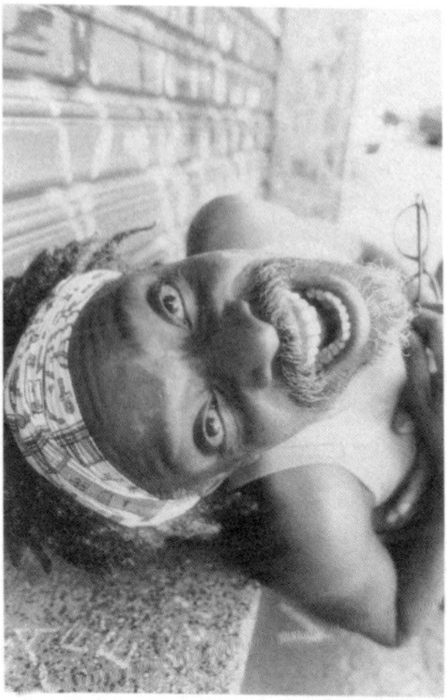

João Quaresma/FI

ITAMAR ASSUMPÇÃO

Quando Itamar, vindo do Paraná nos anos 70, apareceu na cena musical, o malandro da música brasileira, jeitoso, manhoso e feliz, não circulava pelas ruas de São Paulo. Na verdade, essa personagem não é nada paulistana.

Inventa então o "nego dito beleléu leléu eu", explorando assonâncias concretistas, e se apresenta, no encarte do primeiro disco (*Beleléu Leléu Eu*, 1980), por uma navalha que cobre só parcialmente o título de eleitor – circunscrição: São Paulo; município ou distrito: Penha de França; profissão: músico. Os versos "Baby, não se assuste/ hoje o tempo é de terror", na voz grave de Itamar, convivem com a encenação da voz feminina de Luzia, "olha aqui, beleléu, tá limpo coisíssima nenhuma, meu/ [...] essa de ficar na de que o brasil não tem ponta-direita, o brasil não tem isso, o brasil não tem aquilo, que black navalha é você, beleléu? tá mais parecendo chamariz de turista e isca de polícia! onde tá tua malícia, meu? onde tá tua malícia...".

A "conversa mole" da Luzia parece surtir resultados, e no próximo disco, *Às Próprias Custas S/A* (1983), Itamar faz da ficha técnica uma declaração-confissão em que Beleléu pede a seu criador que interceda por ele junto à polícia, livre sua cara. Na mesma ficha técnica, o artista declara que o nome da primeira banda, Isca de Polícia, vem do fato de ele mesmo ter ficado preso cinco dias, suspeito de ter roubado um gravador. Teatralmente, personagem e criador se fundem, nascendo para a música brasileira o tipo morador da periferia metropolitana, que circula pela cidade entregando "imposto predial", que "vai levar geral, mãos pra cima coisa e tal, viajar de camburão para averiguação, que decepção".

Muita coisa acontece a partir daí, como o encontro, nos anos 80, com o Lira Paulistana, teatro-movimento-gravadora que reuniu muita gente que faria música popular de São Paulo. Mantém-se firme em seu projeto de independência artística, que, para os desavisados, é resistência turrona em não ceder ao canto da sereia da gravadora e à vida do sucesso garantido – mas sucesso não é música, dirá Itamar. Sua música subsiste pela experiência de *choque*, que é de cada um de nós no desconforto da vida em São Paulo, inquieta a cada esquina, surpreendente em cada bairro, atordoante em todos os cantos. Ser independente para que a diferença faça diferença. Nascido em 1949, preto, diz "saravá" para toda a linhagem negra da MPB – Pixinguinha, Clementina, Cartola, Ataulfo, Paulinho da Viola, Ismael Silva, dona Ivone Lara – e esclarece que é preto mas não faz pagode nem é sambista: seus sons são mistura fina do que traz de fora com o que encontra por aqui. É ator, compositor, arranjador, cantor, produtor musical *da cidade de São Paulo*. Quando Itamar recomenda, para os estômagos fracos, que procurem outra capital – "venha até São Paulo ver o que é bom pra tosse" –, é porque, coisa de gente grande, seu experimentalismo traduz a anomia de nossa vida social paulistana em melodias e ritmos. Sem pressa, sem atropelos, sem concessão, pôs em música os versos de Leminski: "o homem com uma dor é muito mais elegante/ como se chegando atrasado/ andasse mais adiante".

Sem chance para ingenuidade, *nego dito* cede lugar para *preto brás.* O humor e a ironia sobre a condição urbana e artística assumem o centro de seus reggaes, sambas, canções, blues, rocks. O manifesto lírico-sarcástico *Cultura Lira Paulistana* anuncia: "a ditadura pulou fora da política e como a dita é craca é crica foi grudar bem na cultura nova forma de censura pobre cultura como pode se segura", e o refrão, cantado por seu fiel coro feminino de orquídeas, repete "porcaria na cultura tanto bate até que fura". Enfim, "queiram ou não queiram/ coincidência ou não/ Preto Brás é o gigante negão".

Encenando a história da MPB, de seus compositores e cantores, nas letras, nos batuques, na percussão, no baixo, nas guitarras, no trombone de seus arranjos, na voz que comenta, que apresenta, ele deixa claro saber muito bem o que significa e implica a tal independência. E tem o dito.

Maria Betânia Amoroso

Alguns discos: *Beleléu Leléu Eu* (1980), *Às Próprias Custas S/A* (1983), *Sampa Midnight* (1986), *Bicho de 7 Cabeças* (1993), *Ataulfo Alves por Itamar Assumpção: Para Sempre Agora* (1995), *Preto Brás* (1998). **Ensaio**: J. M. Wisnik, "A Música Popular de São Paulo – Te Manduco Não-manduca", *Folha de S.Paulo* ("Mais!"), 29/7/2001. **Site:** www.itamar-assumpcao.hpg.ig.com.br

Americo Vermelho /FI

IVAN LINS

Nem tudo o que é bom para os EUA é bom para o Brasil. Pelo menos quando o assunto é Ivan Lins. Lá, ele é figurinha repetida no Grammy, lota casas e já foi homenageado por astros do jazz e do pop em um concerto no Carnegie Hall. Do lado de cá, apesar de idolatrado por músicos, ele faz shows esporádicos para platéias pequenas, e seus novos CDs são praticamente ignorados pelos formadores de opinião.

Assim, é justo que a mais precisa definição da musicalidade de Lins tenha vindo de um jornalista norte-americano: "Ele tem o dom de criar melodias profundamente simples, mas embaladas em arranjos que se expandem por caminhos inesperados", escreveu Jesse Hamlin, crítico musical do *San Francisco Chronicle*, comentando um show em 1996. Hamlin peca apenas ao deixar de lado o talento do compositor em extrair de um microcosmo rítmico ou melódico algo que soe, a um só tempo, familiar e universal. Antes dele, no Brasil, só Tom Jobim e Villa-Lobos foram tão longe inspirados pelo que está tão perto.

Nascido no Rio de Janeiro em 1945, aos dois anos Ivan Guimarães Lins foi com os pais, o militar Geraldo e a dona-de-casa Leia, para Cambridge, Massachusetts, onde passou três anos. Nessa época, a mãe acalmava o garoto colocando na vitrola temas dos filmes da Disney ou composições de Stephen Foster, autor de "Oh! Susanna". De volta ao Brasil, Lins estudou no Colégio Militar do Rio de Janeiro. Aos 18 anos, aprendeu a tocar piano "só por distração". Afinal, queria ser engenheiro químico. Mas a música já o seduzia desde 1968, quando, com a canção "Até o Amanhecer", chegou à final do Festival Universitário da TV Tupi. No ano seguinte, foi "descoberto" por Elis Regina, que gravou "Madalena".

Com *hits* como "Abre Alas" (1974), "Somos Todos Iguais Esta Noite" (1977), "Nos Dias de Hoje" e "A Noite" (1979) e "Daquilo Que Eu Sei" (1981) sob o braço, Lins passou a flertar com o mercado estrangeiro. Nos primeiros anos da década de 80, o percussionista Paulinho da Costa apresentou o compositor ao maestro Quincy Jones. O resultado foi a inclusão de "Dinorah, Dinorah" no álbum *Give Me the Night* (1980), de George Benson. Primeiro Grammy. O segundo viria no ano seguinte, quando a versão de "Velas" registrada no disco *The Dude*, de Jones, levou o prêmio de melhor performance instrumental de jazz. Essa música inspirou também a entrada de Lins no mundo dos negócios. Com o parceiro de composicões Victor Martins, fundou a gravadora Velas, com a qual lançou gente como Chico César e Lenine.

Para não concluir cometendo a injustiça de esquecer manifestações brasileiras de apreço pela obra de Lins, vale a pena fazer dois registros: em 1998, a convite do cineasta Carlos Reichenbach, Lins compôs a trilha do filme *Dois Córregos*; nos anos 70, a Varig usava a música "O Amor É o Meu País" para recepcionar seus passageiros em vôos internacionais, procedimento que repetiu nos anos 90, com a música "Meu País", do álbum *Awa Yio* (1993).

Edson Franco

Alguns discos: *Chama Acesa* (1975), *Somos Todos Iguais Esta Noite* (1977), *A Noite* (1979), *Novo Tempo* (1980), *Juntos* (1984), *Anjo de Mim* (1995). **Alguns sites:** www.sombras.com.br/ivan/ivan.htm, www.rosebudus. com/lins/

Ana Carolina Fernandes/FI

IVONE LARA

De terreiro, enredo ou partido-alto, o samba também pode ser duro ou corrido e passar sem susto ao jongo e ao miudinho. Difícil de entender? Nem tanto, pois é dessa sonora aquarela que dona Ivone Lara, a Grande Dama do Samba, retira os tons profundos a dar forma às canções que sonha. Emanam assim, da voz suave e feminina de dona Ivone, evocações de divindades e pássaros tão reais quanto míticos, olhares peculiares sobre instituições e vultos marcantes da história oculta das classes populares e, acima de tudo, uma delicada sensibilidade para o amor e a dor. Som vocal que engana, parecendo dispensar qualquer esforço ou tensão, tamanha a elegância ao tecer melodias de fino trato no gênero intimista que mestre Cartola rotulava samba-canção ou percutir sílabas em rápida sucessão no partido-alto, replicando o acompanhamento quente dos ritmos e timbres de palmas, tambores e cordas. Memória, não custa lembrar, de muitos passados, da

África e alhures, resistindo em solo brasílico, apesar dos pesares.

Sua história de vida encerrando verdadeira saga popular, dona Ivone surpreende e comove ainda mais pelo inconformismo pacífico de sua trajetória. Nela, sons e imagens de blocos e ranchos, herança familiar que parecia se distanciar em razão da orfandade precoce, puderam ser revitalizados pelo filtro de sua experiência com o canto orfeônico villa-lobiano em colégio interno. Mais tarde, seus primeiros passos no mundo do samba, no morro da Serrinha, com canções apresentadas inicialmente aos bambas como "composições próprias" por Fuleiro, seu primo e cúmplice de transgressão, rompem as barreiras tão invisíveis quanto sólidas à participação feminina na composição de sambas. Abre-se então o caminho a célebres parcerias com nomes como Mano Décio da Viola ("Agradeço a Deus"), Silas de Oliveira ("Cinco Bailes Tradicionais da História do Rio", com Bacalhau) e Délcio Carvalho ("Sonho Meu"). Tornada ícone do G.R.E.S. Império Serrano e do samba de raiz, dona Ivone passa a inspirar desde artistas populares como Gal, Maria Bethânia e Gilberto Gil até a nova geração de intérpretes de samba representada por Clara Nunes e Roberto Ribeiro, sem esquecer sua "benção" legitimadora à geração do Fundo de Quintal (Sombrinha, Zeca Pagodinho e Jorge Aragão).

Mas quem sabe toda essa história – já contada e recontada tantas vezes – possa ser encurtada pela descrição de um momento diante dos olhos. Visualize-se uma noite do ano de 2002, quarta-feira concorrida, em plena Lapa boêmia, e a Grande Dama do Samba comemorando seus inimagináveis 80 anos. Sorriso acolhedor na face, sai-lhe a voz como um sopro imaculado a recriar em moldura própria a natureza e o tempo. Platéia em transe, vê-se agora done Ivone Lara tomada por inteiro de absoluta leveza, pondo a vida em movimento sob a ginga compassada e graciosa de seus ágeis passos de dança. Depois disso, que dizer? Talvez que todos os rostos indicavam saber que o samba, soberano e único, abençoava aquele canto privilegiado de mundo.

Samuel Araújo

Alguns discos: *Sorriso de Criança* (1979), *Sorriso Negro* (1981), *Ivone Lara* (1985), *Nasci Para Sambar e Cantar* (2001). **Livro:** Rachel T. Valença e Suetônio S. Valença, *Serra, Serrinha, Serrano: o Império do Samba* (1981).

Marcio Capovilla/FI

JAQUES MORELENBAUM

Uma sonata de Brahms para violoncelo e piano ouvida casualmente na rádio MEC, a bordo do carro do pai, provocou verdadeira reviravolta nos planos de Jaquinho, até então certo de que seu instrumento seria o oboé. Aos 12 anos, após estudos precoces com Esther Scliar e Salomea Gandelman, o filho mais velho do maestro Henrique Morelenbaum iniciava em 1966 uma relação de amor com o violoncelo, instrumento erudito que em poucos anos lhe abriria as portas da MPB e, décadas mais tarde, o faria entrar no circuito da *world music*.

"Mesmo vindo de um berço clássico, tive uma formação muito aberta com relação à música. Sempre me interessei mais por criação própria do que por interpretação de obras de outros compositores", frisa o músico, dono de uma sonoridade bastante característica. Difícil pensar no Tom Jobim dos anos 80 e no Caetano Veloso dos anos 90 sem esbarrar no violoncelo de Jaques. O "toque Morelenbaum" está evidente nos trabalhos do japonês

Ryuichi Sakamoto e nos discos acústicos dos Titãs, e também em alguns CDs de Marisa Monte, Sting, Cesaria Evora, David Byrne e Dulce Pontes. Veja os filmes *Central do Brasil*, *O Quatrilho*, *Tieta do Agreste* e *Orfeu*; lá estão os acordes de Jaques Morelenbaum emoldurando os fotogramas.

Talentoso e curioso que só, Jaques tem um histórico de carreira no mínimo versátil. "Minha principal especialidade é não ter especialidade", admite o violoncelista, arranjador, compositor, produtor, diretor musical e regente coral. Ainda na adolescência, tocava viola de gamba no grupo medieval Pro Arte Antigua. Depois, a mudança radical para o rock progressivo com a banda carioca A Barca do Sol. Na década de 80, chegou a acumular atividades como violoncelista da Orquestra Sinfônica do Teatro Municipal do Rio de Janeiro, a rotina com a Nova Banda de Tom Jobim e os trabalhos regulares com Egberto Gismonti.

Os dez anos de convivência diária com Tom Jobim foram a base para a formação do Quarteto Jobim-Morelenbaum, criado em 1995, um ano após a morte do maestro. Nos anos 90, começou a trabalhar com Caetano Veloso, que por sua vez o apresentou a Ryuichi Sakamoto. A colaboração com Caetano rendeu ao CD *Livro* um Grammy no ano 2000 (ao receber a estatueta, o baiano não hesitou em declarar publicamente que Jaquinho era pai da criança). Já a parceria com o músico japonês se concretizou nos discos *Smoochy* e *1996*, na ópera multimídia *Live* e, por último, em *Casa* (2001), com Paula Morelenbaum.

Em abril de 2002, Jaques Morelenbaum contabilizava participações em 476 discos, ao longo de 28 anos de carreira profissional. Até esta data, o tão aguardado disco solo continua uma promessa.

Heloisa Fischer

Alguns discos: Tom Jobim, *Passarim* (co-produção, arranjos, cello; 1987); E.Gismonti, *Infância* (cello; 1991); C. Veloso, *Fina Estampa* e *Livro* (produção, arranjos; 1994/7), *Quarteto Jobim-Morelenbaum* (1999), *1996* (1996), *Central do Brasil* (trilha, 1998); com R. Sakamoto e Paula Morelenbaum, *Casa* (2001). **Site:** http://sites.uol.com.br/jmorel/

Juan Esteves/FI

JARDS MACALÉ

Macalé surgiu em meados dos anos 60, sobretudo como exímio violonista e diretor musical, ao mesmo tempo que aprimorava seus estudos de violão, composição, arranjo e orquestração. Sem ter participado diretamente da atividade tropicalista, associou-se ao grupo baiano por afinidade de interesses, logo definindo, como compositor e intérprete, uma posição específica no meio experimentalista da época.

A partir de 1969, compõe canções memoráveis – "Pulsars e Quasars", "Gotham City" e "Movimento dos Barcos", com Capinam; "Hotel das Estrelas" e "Archaic Lonely Star Blues", com Duda Machado; "Mal Secreto" e "Vapor Barato", com Waly Salomão –, gravadas por Gal Costa com grande repercussão. Nelas, manifestam-se os signos fortes da estética do comportamento, surgida dos desdobramentos do tropicalismo, em que se articulam sofisticação técnica, experimentalismo e *nova sensibilidade*.

Um dos artistas mais completos surgidos naquela época, Macalé (Jards Anet da Silva, 1943-) trabalhou com arranjos, direção musical e acompanhamento em discos e espetáculos, como os de Gal Costa; no início da década de 70, participou em Londres da gravação do disco *Transa*, de Caetano Veloso, e de apresentações de Caetano e Gil em vários locais; fez trilhas para filmes e muitas coisas mais. Em 1972, gravou seu primeiro disco, no qual aparece a pungente interpretação de "Let's Play That", poema de Torquato Neto que se tornou, com "Vapor Barato", emblema da nova consciência contracultural.

No extraordinário disco *Aprender a Nadar*, de 1974, apresenta com Waly Salomão "a linha de morbeza romântica", reatualizando e estendendo, contudo em clave singular, procedimentos enfatizados pelo tropicalismo – como, por exemplo, a releitura da tradição –, com canções exuberantes, sugestivas da intensa elaboração efetuada no tratamento musical e na vocalização. Na desconcertante "Anjo Exterminado", o samba trepidante e o canto atropelado carnavalizam os sentimentos amorosos, num desfile de imagens brilhantes; em "Rua Real Grandeza", a voz estrangulada de Macalé compõe uma das figurações amorosas mais convulsivas da música brasileira; o esfuziante "Mambo da Cantareira" contrapõe-se à emoção contida de "E Daí"; o samba de breque "Orora Analfabeta" é contraposto ao samba abolerado "Senhor dos Sábados"; e, no samba-canção "Boneca Semiótica", a alternância de ironia e ternura corresponde à discordância entre tema e musicalização.

Em todas essas canções, a entonação nuançada e os requintados arranjos e orquestrações compõem uma espécie de estética da incorporação. Na voz de Macalé, o corpo é protagonista, de modo que todo o processo musical propõe a canção como experiência em ato. Não é por menos que o disco é dedicado a Hélio Oiticica e Lygia Clark. Essa direção continua ativa nos discos seguintes, configurando uma viagem através das pulsações da música brasileira, tensionando e repotencializando seus limites expressivos.

Celso Favaretto

Alguns discos: *Jards Macalé* (1972), *Aprender a Nadar* (1974), *Contrastes* (1977), *4 Batutas & 1 Curinga* (1987), *Let's Play That* (1994), *O Q Faço É Música* (1998), *Jards Macalé Canta Moreira da Silva* (2001). **Site:** www.brazilianmusic.com.br/macale/

Patrícia Santos/FI

JOÃO BOSCO

Começou modesta a sua carreira: mineiro de Ponte Nova, de origem libanesa, sexto filho de dona Lilá (pianista) e seu Daniel (intérprete de Noel Rosa), João Bosco de Freitas Mucci viu a luz em julho de 1946, mais precisamente no dia 13 (quem disse que 13 dá azar?). Criado em família musical, aos quatro anos já estava cantando na igreja, como convém a um mineirinho do interior, e aos 12 ganhou de presente um violão (verde!) e formou seu primeiro conjunto musical. Mas música sempre foi uma carreira incerta no Brasil, e ele cursou, em Ouro Preto, a Escola Técnica de Metalurgia e depois a Universidade de Ouro Preto (formou-se engenheiro civil em 1972). Nesse meio tempo, porém, continuou fazendo música.

Teve sorte: em 1967, associou-se ao lendário Vinicius de Moraes e, em 1970, ao não menos lendário Aldir Blanc. Brotaram daí composições que galvanizariam o Brasil e muitas platéias estrangeiras, platéias que João Bosco, o intérprete, soube encantar: além de exímio violinista, é um cantor original; no palco, parece "possuído" pela música, que brota, sincopada e cheia de sons inesperados, de sua garganta.

Ligado à mais legítima tradição musical brasileira, João Bosco mostrou uma corajosa capacidade de inovar. Duas composições, em parceria com Aldir Blanc, e interpretadas por Elis Regina, servem de exemplo. Uma é "Mestre-sala dos Mares", que evoca a figura fascinante e enigmática de "um bravo feiticeiro". Ao entrar na baía de Guanabara, é saudado no porto "pelas mocinhas francesas, jovens polacas e batalhões de mulatas"; uma expressão que, por si só, compõe um painel étnico-histórico: as "jovens polacas", por exemplo, eram as moças judias que traziam das miseráveis aldeias da Polônia para os bordéis do Rio de Janeiro no começo do século 20. E há também a evocação da negritude, e de todas as "lutas inglórias" de que é composta a história de nosso país.

Mais significativa, e mais dramática, é "O Bêbado e a Equilibrista", composta em plena ditadura, quando a liberdade de expressão foi ferozmente restrita e músicas "inconvenientes" podiam até dar cadeia. Na primeira parte, fala de um "bêbado trajando luto", que faz "irreverências mil para a noite do Brasil". Mas não se trata de um noite enluarada a inspirar seresteiros; não, é a sombria noite política do Brasil ("que sufoco!"), o Brasil que sonha com a volta de "tanta gente que partiu num rabo de foguete", para o exílio. Fala de mulheres que perderam seus maridos (Clarisse, viúva do jornalista Vladimir Herzog, morto na cadeia) e do cartunista Henfil, cujo irmão, Herbert de Souza, o Betinho, tivera de abandonar o país. Mas lembra também que a esperança, equilibrista "na corda bamba", seguia seu trajeto. Nesse sentido, a canção

– adotada como tema musical pela Anistia Internacional – foi profética: veio a abertura, voltou a democracia.

Os últimos anos consolidaram definitivamente o prestígio de João Bosco. Ele atravessou a barreira do tempo e hoje é um exemplo vivo daquilo que poderíamos chamar de democracia musical brasileira: não recusa nenhuma influência. O jazz, o samba, o rock, a música afro-brasileira, todos os ritmos, todas as inspirações cabem em seu imenso coração, explodem em seu imenso talento.

Moacyr Scliar

Alguns discos: *João Bosco* (1973), *Caça à Raposa* (1975), *Gagabirô* (1984), *Zona de Fronteira* (1991), *Benguelê* (trilha para o Grupo Corpo, 1998). **Site**: www.joaobosco.com.br

Rossana Lara/FI

JOÃO DONATO

Afirmar que João Donato está entre os melhores *entertainers* do Brasil pode soar como disparate ou lábia de empresário sabido. Na música brasileira, João Donato (1934-) é antes de tudo o compositor e pianista, depois o arranjador respeitado no meio profissional e, para os mais descuidados, um zé-ninguém maluco que faz música complicada.

E o *entertainer*? Imprevisível. Seus espetáculos subvertidos têm o toque de sutileza que conquista. A música de Donato, como a do jazzista americano Thelonious Monk (1917-82), é bem-humorada. No palco ele é hilariante, ao som de um piano magistral, preciso, flutuante, desvendando esconderijos harmônicos sob uma melodia elementar, como nas econômicas quatro notas de "A Rã". Seus procedimentos inusitados partem de células muito simples: são repisadas com insistência em "Daquele Amor Não Me Fale", reaproveitadas em modulações na segunda parte de "Nua Idéia", romantizadas em "Simples Carinho", repetidas com deslocamentos rítmicos em "Bananeira", utilizadas em escala descendente em "Lugar Comum", induzindo à alegria em "Nasci Para Bailar".

Esses e outros títulos são agora familiares a cantores, mas nem sempre foi assim. Para grandes artistas, o tempo trabalha a favor.

A obra de Donato foi sendo descoberta sem urgência, à medida que as letras foram incorporadas a seus temas. Deixou de ser o autor pré-bossa-nova idolatrado pelos músicos e vocalistas de conjuntos dos anos 50, ou o jazzista latino que tocava na Califórnia nos anos 60. Quando refinadas composições sem título ou despretensiosamente numeradas como "Leila IV" ganharam letra, tornaram-se canções brasileiras. Nasceu "A Paz"; "Silk Stop" passou a ser "Janelas Abertas"; "Jodel" virou "Café com Pão"; "You Can Go" é "Até Quem Sabe"; e todas puderam ser cantadas. De autor de temas, Donato converteu-se em compositor, tornou-se a Gata Borralheira da música brasileira.

Houve época em que se pensou que os temas de Monk eram apenas *bebop*. A música de Donato é original, excêntrica, heterodoxa, essencialmente harmônica. A melodia pueril esconde um encadeamento de mudanças sutis, tem uma condução lógica, uma solução brilhante; o ritmo enganadoramente desencontrado tem um impulso dançante interno alimentado pela síncope. Depois de terminada a canção é que se revela a coerência do desenvolvimento singular, partindo de uma idéia tão simples.

Não é raro que, no meio de um solo, Donato levante as duas mãos do teclado, como um indeciso que não sabe prosseguir, e olhe as 176 teclas de ébano e marfim, imaginando onde vai atacar. As células cerebrais entram em ebulição, súbito vem a decisão. Baixa os dez dedos num acorde, deixa o som vibrar fartamente, regalando-se com a própria criação, estampada na imagem de plena satisfação. Fecha os olhos, feliz. Em segundos, a criação toma sua forma abstrata e concreta, o paradoxismo da música.

Thelonious Monk também era assim.

João Donato se define em duas frases: "Sei fazer música. Meu livro é uma vida aberta".

Zuza Homem de Mello

Alguns discos: *The New Sound of Brazil* (1965), *Donato/ Deodato* (1972), *Coisas Tão Simples* (1996), *Café com Pão* (1997), *Amazonas* (2000), *Ê Lalá Lay-ê* (2001) *Managarroba* (2002). **Site:** www.bjbear71.com/Donato/joao.html

Carol Quintanilha/FI

JOÃO GILBERTO

Depois de dez anos de busca, de andanças no Rio de Janeiro, de meditação em Porto Alegre, de recolhimento em Diamantina e de leitura e releitura de Carlos Drummond de Andrade, o baiano João Gilberto (1931-) inventou uma bossa. Ele voltou ao Rio no final dos anos 50 para lançar um jeito novo de *fazer* e *ouvir* música. Tendo o samba como base, uniu voz e violão e criou um som moderno, que canta o Brasil contemporâneo: chega de saudade.

Em três discos, gravados entre 1958 e 1961, ele tornou vivo o que havia de decisivamente belo na tradição musical brasileira e sintetizou a inquietação cultural e política daquele período. Desde então, vem criando uma utopia em forma de arte que concilia o popular e o erudito, a criação coletiva e a afirmação individual, o processo histórico objetivo e a existência subjetiva, o passado e o presente e comemora o que pode ser o futuro: o amor, o sorriso e a flor.

O *fazer* de João Gilberto tem uma pureza heróica. Ele é um estudioso disciplinado, um iogue que não se afasta do seu objetivo: expressar o que o Brasil tem de melhor. Mercado, modas, vaidade, riqueza e glória não lhe dizem respeito. O que ele quer é o mínimo e é tudo: um banquinho, um violão, este amor, uma canção pra fazer feliz a quem se ama.

Ouvir João Gilberto é libertar-se da barulheira do mundo para trilhar a espiral de seu som, feito de variações sutis, de canções tenazmente retrabalhadas até que nelas a verdade brilhe. Escutar João Gilberto requer atenção. É preciso livrar-se de toda a canga de lugares-comuns disseminados pela indústria cultural. A bossa de João Gilberto desaliena o ouvinte, transforma e enriquece sua sensibilidade, convida-o a coparticipar da criação artística: no peito dos desafinados também bate um coração.

Mario Sergio Conti

Alguns discos: os três primeiros discos de João Gilberto estão fora de catálogo desde 1990, embargados judicialmente porque a gravadora EMI-Odeon deturpou a mixagem original. São essenciais: *João Gilberto* (1973), *Amoroso* (1977), *Live at the 19th Montreux Jazz Festival* (1986) e *João – Voz e Violão* (2000). **Livro:** Zuza Homem de Mello, *João Gilberto* (série "Folha Explica", 2001). **Alguns sites:** www.joaogilberto.org, www.sombras.com.br/joaogilberto/joao.htm

Maristela Martins

JOHNNY ALF

Alfredo José da Silva nasceu no Rio de Janeiro em 1929, filho de um cabo do Exército e uma empregada doméstica. Foi criado em Vila Isabel pelos patrões desta, recebendo lições de piano clássico. Ouviu seu primeiro acorde dissonante em "Velho Realejo", de Custódio Mesquita e Sadi Cabral. Logo se interessou pelo jazz de Nat King Cole Trio, George Shearing e Sarah Vaughan. Estas, ao lado dos musicais da MGM e de Emilinha Borba e outras cantoras da rádio Nacional, foram as suas influências. Adolescente, foi, na virada dos anos 50, um dos fundadores do legendário Sinatra-Farney Fã-clube na Tijuca, um dos locais onde a música carioca se modernizou.

Ao terminar o serviço militar, pressionado pelos patrões de sua mãe a "arranjar um emprego sério ou outro lugar para morar", ele escolheu a vida artística. Transformou-se em Johnny Alf e iniciou em 1952 uma carreira de pianista e cantor na noite carioca e paulista.

Sua trajetória não foi fácil. Um dos precursores da bossa-nova e do samba-jazz, só veio a gravar LP em 1961, bem depois de seus companheiros. Em 1964, gravou um LP de bossa-nova em inglês, que a gravadora RCA mantém inédito até hoje. Amargou longos períodos afastado dos estúdios (o maior: 12 anos, entre 1978 e 1990!). Em meio século de vida artística, fez pouco mais que uma dezena de discos. Todos interessantíssimos.

É sem dúvida o mais desconhecido de todos os grandes compositores da MPB. Faz uma música para entendidos: temas sofisticados, repletos de tons menores, dissonâncias e improvisos, voz grave e sensual com glissandos e *scats*, uma inventiva fusão do samba com o *bebop*. Suas primeiras composições antecedem de alguns anos a bossa-nova também pela temática, cheia de ambigüidades. "Rapaz de Bem", "O Que É Amar", "Céu e Mar" (para ele um baião tocado em jazz), "Ilusão À-toa", "Fim de Semana em Eldorado" e "Eu e a Brisa" falam de garotos de programa, paqueras e amores enrustidos, celebram o hedonismo e lamentam a chegada da idade madura. Esse é o Johnny Alf para quem o celebra.

É pai de uma das correntes da bossa. A outra vem do João Gilberto. Se este, na sua simplicidade zen, é como uma linha reta, Alf é a linha sinuosa, cheia de imprevistos. Não é um ídolo popular, mas um mito. Um *cult*, na perfeita acepção da palavra. Nunca houve nem haverá compositor como ele. Quem ouvir reconhecerá um típico biscoito fino para as massas.

João Carlos Rodrigues

Alguns discos: *Rapaz de Bem* (1961), *Diagonal* (1964), *Johnny Alf* (1966), *Coleção Bis/Johnny Alf* (1972), *Olhos Negros* (1990), *Cult Alf* (1998), *Eu e a Bossa* (1999). **Alguns livros:** Ramalho Neto, *Historinha do Desafinado* (1964); Ruy Castro, *Chega de Saudade* (1999) e *A Onda Que Quebrou no Mar* (2001). **Site:** www.almacarioca.com.br/jalf.htm

Frederico Rozário/FI

JORGE BEN JOR

Jorge Ben é o lugar geométrico onde se cruzam os três principais movimentos da música popular brasileira nos anos 60: a bossa-nova, a Jovem Guarda e a Tropicália. Se a bossa-nova embranqueceu o samba, Jorge Ben enegreceu a bossa – não por meio de uma volta às raízes do samba carioca, e sim pela assimilação antropofágica da música negra norte-americana: o jazz, o *rhythm-and-blues*, depois o soul e o funk.

Descoberto por um produtor musical quando ainda sonhava em ser jogador de futebol, Ben surgiu para o mundo da música em 1963, com a canção "Mas que Nada", sucesso mundial instantâneo que deixaria perplexos músicos e críticos, empenhados há quatro décadas em definir a originalidade daquele jeito de fazer e tocar samba.

Influenciado por João Gilberto, o autodidata Ben radicalizou o uso rítmico do violão, tornado-o quase um instrumento percussivo. O segredo de sua originalidade está nessa batida diferente, que ele batizou de "sacundin sacunden" e que depois foi chamada de "sambalanço", "samba-rock", "samba-soul", "samba-funk" etc. Para alguns entendidos, tudo se resume a uma adaptação do compasso binário do samba ao compasso quaternário do rock e do soul.

O fato é que, na alquimia sonora de Ben, em suas diversas fases, virtualmente todas as formas da música negra se integram num estilo único e inconfundível, cujas marcas essenciais são a simplicidade harmônica, a maleabilidade do canto, a energia e, claro, o "suingue".

A criação desse estilo tem a ver com sua história pessoal. Nascido em 1942, em Madureira, filho de uma africana da Etiópia e de um estivador que compunha músicas de carnaval, Jorge cresceu cantando em coro de igreja e ouvindo de tudo: Luiz Gonzaga, twist, gospel, samba, *rhythm-and-blues*.

Descobriu, por assim dizer, a seiva africana que anima toda a música negra que se faz no planeta – e a incorporou em sua música, com o que Caetano Veloso chamou de "alegria física genuína". Em suas letras, de uma liberdade de imaginação sem paralelo, fez brilhar futebolistas, malandros, santos, quilombolas, alquimistas, filósofos e todas as mulheres do mundo. Instalou Galileu na Galiléia e o Taj Mahal nos morros do Rio.

Jorge Ben (que virou Ben Jor em 1985, para não perder direitos autorais para George Benson) não faz discursos sobre a liberdade e a negritude: exerce-as naturalmente, como quem respira. Nos últimos dez anos, mesmo preso a certa pasteurização do funk, vem colocando várias gerações para dançar. Que siga por muito tempo cantando esse seu samba que é misto de maracatu, soul, baião, funk, afoxé, ponto de umbanda, reggae e toda música feita para sacudir os nossos quadris e elevar o nosso espírito. Salve, simpatia.

José Geraldo Couto

Alguns discos: *Samba Esquema Novo* (1963), *O Bidu* (1967), *Jorge Ben* (1969), *Ben* (1972), *A Tábua de Esmeralda* (1974), *Gil e Jorge* (1975), *África Brasil* (1976), *Jorge Ben Jor ao Vivo* (1991), *23* (1993), *Acústico* (2002) **Site:** www.uol.com.br/benjor/

Raphael Falavigna/FI

JORGE MAUTNER

Jorge Mautner foi o primeiro a trazer a bomba atômica para dentro da canção brasileira, literalmente. Certa vez, Nara Leão perguntou a Caetano o que ele achava de uma música que falava de Hiroshima. A novidade soou tão esquisita que Caetano preferiu ignorar o assunto (isso antes que o tropicalismo lhe "viesse", como ele diria). Mas, para o endiabrado Jorge Mautner, desde o início tudo cabia, tudo ressoava, tudo se entrelaçava, o vampiro e os óculos escuros, o maracatu e a explosividade atômica, o bumba-meu-boi e *o tai chi chuan*, o lobisomem e o Tio Patinhas, Zaratustra e a kriptonita, o miau do gato e a dona Cabrita.

Mautner dessacralizou o violino, levou a sério os discos voadores, pregou um anarquismo místico e exerceu um trânsito despudorado entre os gêneros. Misturou tudo o que encontrou pela frente, quebrou as divisórias entre a cultura popular e a erudita, o clichê e o sublime, os ritmos nativos e o espírito cigano, a antenagem cósmica e a profecia política. Com seu bandolim, explorou as cantigas de chuva, acolheu os *beatniks*, o som dos animais, o zen e o candomblé. Juntou libidinosamente Macunaíma e Dioniso (dizia que Zaratustra fora encaixotado na Grécia e mandado para cá). Deu voz a nosso Oriente luxuriento, polígamo, panteísta. Fundou o Partido do Kaos (com K, como ele gosta de frisar, para diferenciar do Caos em que vivemos), em meio a um desfile dadaísta em plena rua Augusta. Advogava uma mutação dionisíaca, messiânica, libertária.

De maneira premonitória, ainda no final dos anos 50 ajudou a espargir as sementes da revolução contracultural e antecipou a atitude experimental que se disseminaria largamente nos anos seguintes. Sabe-se que Glauber se inspirou em *Deus da Chuva e da Morte*, primeiro livro da trilogia de Mautner, publicado parcialmente já em 1958, para dar título a seu filme *Deus e o Diabo na Terra do Sol*. E o encontro com Caetano Veloso, no exílio de Londres (anos 70), suscitou neste o seguinte comentário: "suas canções têm cheiro de liberdade criadora que eu só encontrara em Jorge Ben [...]. Eu fiquei realmente assustado ao saber que 'O Vampiro' era anterior a 'Alegria, Alegria' e 'Domingo no Parque'". (Não surpreende que Caetano lance com ele um disco em 2002: *Eu Não Peço Desculpa*.)

Da parceria indissolúvel com Nélson Jacobina nasceu, entre muitos outros trabalhos, o célebre "Maracatu Atômico", gravado por Gil, com grande sucesso, e mais tarde por Chico Science & Nação Zumbi.

Esse filho de pai judeu vienense e mãe iugoslava, nascido em 1941, educado pela babá negra e pelo padrasto alemão (seu professor de violino), aprendeu com Nietzsche que a força reside em experimentar as mais variadas perspectivas ("ser invadido por todos os karmas"), o que ele fez e continua fazendo até o limite da vertigem, inclusive no domínio musical. Como disse a seu respeito Silveira Sampaio (citado nos *Panfletos da Nova Era*, 1980): Mautner é como Cantinflas, mexicano popular, fala e fala, discursa e racionaliza, mas o que é mais forte é seu legado inconsciente.

Peter Pál Pelbart

Alguns discos: *Para Iluminar a Cidade* (1972), *Planeta dos Macacos* (1972), *Mil e Uma Noites de Bagdá* (1974), *Antimaldito* (1985), *Pedra Bruta* (1992), *Estilhaços de Paixão* (1997). **Livro:** *Mitologia do Kaos* (2002), que reúne *Deus da Chuva e da Morte*, *Kaos*, *Narciso em Tarde Cinza* e outros, além de um CD. **Alguns sites:** www.na-cp.rnp.br/~murgel/MPBNet/canto.brasileiro/jorge.mautner/

Rossana Lara/FI

JOSÉ MIGUEL WISNIK

Não adianta. Fica sempre ressoando uma tristeza nas canções de José Miguel Wisnik. Mesmo quando "a maresia acendia uma coisa alegria" em seu sonho de São Paulo sendo inundada pelo mar ou até "quando a luz mais sã abraça a vida vã". Junto com o desejo de alegria, mora a melancolia. São melodias estranhas, que vêm e vão para não se sabe onde, andam por cantos inesperados, russos, orientais, franceses ou brasileiros. Melodias que vêm de um lugar distante no passado, no futuro, entram por buracos contemporâneos, com letras tantas vezes paradoxais e cifradas, como em "A Olhos Nus", "Vôo Cego", "Viúvo", "Por Um Fio", onde há uma promessa de felicidade, como Zé Miguel sempre gosta de falar. E a promessa é mais vivida do que a própria felicidade; antegozo de uma plenitude possível. É por isso que da audição de suas canções pula uma saudade. Saudade paulistana, que é musical, complexa e enovelada. Saudade que é de um músico de tradição clássica e opção popular, um professor pensador, que pensa quando compõe e compõe quando pensa. O crítico da canção brasileira que troca o tom maior pelo menor e assim transforma o baú da felicidade em Anhangabaú da felicidade. Mas o que nós, paulistas, podemos fazer? É a nossa praia.

Nos sete anos que separam o primeiro disco, que tem o nome do autor, do segundo, *São Paulo Rio* (2000), a sensação de melancolia permanece, mas muita coisa muda. O que existe agora é um programa, uma tese que serve de chão para uma ampliação do território geográfico. Desloca-se do eu e você, no primeiro disco, para um pensamento sobre as cidades, que voa por Rio, São Paulo, Portugal, Moscou e Irã e volta para São Paulo, sem deixar de lado nem as mudanças entre o verão – na inundação da primeira canção –, o outono e o inverno, nas canções que levam esses mesmos nomes. Passa-se de um disco feito de canções autônomas, uma coletânea, para um disco de combinações, em que há interdependência entre as músicas, um disco-livro. *São Paulo Rio* começa com um sonho de São Paulo rindo como ri o Rio e termina com a São Paulo de verdade, no inverno do Anhangabaú, com direito a uma dupla de espelhos no centro do encarte – São Paulo e Rio, Elza Soares e Jussara Silveira e o próprio Zé Miguel, aos 52 anos, com o olhar ardido da poluição e tranqüilo da tarde na praia. Entre o sonho e a realidade espelhados, parece que a canção "Efeito Samba" explica muita coisa, ainda que enigmaticamente. Um narrador se dirige ao Rio, confessando que vai jogar na sinuca todas as fichas que não tem; Copacabana não lhe diz adeus, e mesmo assim o mar escoa vão entre seus dedos. Um paulista, em ritmo de samba, que sonha com a promessa de felicidade – a promessa é São Paulo, a felicidade é o Rio. Mas, por opção ou porque é inevitável, ele fica com a primeira.

Ouvindo Zé Miguel cantar ou ser cantado, por Ná Ozzetti, Jussara Silveira, Elza Soares, ouvem-se junto seus labirintos de pensamento, seus livros e suas aulas de literatura brasileira na USP. Tudo isso tem a ver com ser paulista; o "deixa pra lá" de Zé Miguel é sempre cheio de compromisso e de dúvida. Esse é nosso problema e também nossa solução.

Noemi Jaffe

Alguns discos: *José Miguel Wisnik* (1993), *Nazareth* (trilha para o Grupo Corpo, 1993), *Parabelo* (para o Grupo Corpo, com Tom Zé, 1997) *São Paulo Rio* (2000). **Alguns livros:** *O Coro dos Contrários* (1983), *O Som e o Sentido* (1989); ensaio "A Gaia Ciência", em C. Matos, E. Travassos e F. Medeiros (orgs.), *Ao Encontro da Palavra Cantada* (2001). **Site:** http://cliquemusic.uol.com.br/zbr/jose_miguel_wisnik.asp

Ana Carolina Fernandes/FI

LENINE

Ele nasceu em 1959, ano em que a bossa-nova iniciava seu épico processo de consolidação. Lançou sua primeira música em disco em 1981, aos 22 anos. Só começou a ser reconhecido em 1993, quando o CD independente *Olho de Peixe*, gravado em dupla com o percussionista Marcos Suzano, atraiu atenções especializadas. Tinha 34 anos. Para se lançar como artista solo, demorou mais quatro anos, e só então se ouviu mais falar de Lenine.

Oswaldo Lenine Macedo Pimentel, hoje quarentão relativamente famoso, nasceu em Recife, herdeiro de traços físicos da colonização holandesa e filho de um socialista ferrenho que lhe cedeu não só o nome de carimbo revolucionário, mas uma série de noções dessa natureza. Moleque, ignorou o que se passava em sua frente na dita MPB. Não gostou de bossa-nova, não dançou Jovem Guarda, não apreciou Tropicália. Em vez disso, vibrava com o hoje dinossáurico rock progressivo. Por amor àquelas viagens e às técnicas de produção, gostava do *Clube da Esquina* (1972), de Milton Nascimento e Lô Borges, e desgostava do *Refavela* (1977), de Gilberto Gil. Mais tarde, confrontando shows de Gil e de Milton, percebeu que o espelho se invertia. A cabeça começou a se desarrumar nesse balanço.

Na seqüência de tal convulsão, houve a demora. Depois de ter participado do festival MPB Shell 81, da Globo, ele pôde, em 1983, lançar seu primeiro LP. *Baque Solto* foi gravado em dupla com o conterrâneo igualmente respeitável (e marginal) Lula Queiroga. Um pouco rock e muito maracatu era o que o disco era. Simbolizava o *mangue beat* sonhando nascer, mas ainda sem antenas nem patas de caranguejo suficientes.

Aí, um tufão apanhou suas pretensões. A vaga pop-rock da Gang 90, da Blitz e da galera, internacionalista em banda larga, varreu do mapa pernambucanos e regionalistas em geral. Viraram, Lenine e parceiros, feitores de *jingles* comerciais e roteiristas da Globo – marginais à música, pois. Talvez a derrapagem se devesse a razões do próprio não-revolucionário de olhos verdes e de seus pares, mas uma coisa é fato: o pop-rock atrasou em dez anos a continuidade do sonho regionalista de gonzagas, vandrés e caetanos.

Isso era bom ou ruim? Vá saber. Fosse como fosse, guardou nos armários mofados do mercado microcosmos que só puderam vir à tona uma década mais tarde. Atrasados e trintões, pipocaram paraibanos (Chico César), maranhenses (Zeca Baleiro, Rita Ribeiro), pernambucanos (Chico Science, Fred Zero Quatro), mineiros, gaúchos e outros. O *mangue beat* sublimou o caos em "geração". Caçulas, Science e Zero Quatro concluíram o esboço de Lenine dez anos antes. Já pós-*mangue beat*, *O Dia em Que Faremos Contato* (1997) veio revelar sua nova fórmula: olhos e ouvidos atentos ao quintal de casa e à produção contemporânea mundial, uso das ferramentas tecnológicas e das perenes sabedorias brasileiras, poesia necessariamente apurada, inteligência a serviço da música. Involuntariamente, Lenine foi reatando laços com um ideário que não o havia influenciado, repavimentando a ponte antropofágico-tropicalista que norteou boa parte da cultura nacional no século 20.

Entremeados pela direção musical da peça teatral *Cambaio* (com música de Edu Lobo e Chico Buarque, 2001), vieram *Na Pressão* (1999) e *Falange Canibal* (2002), encetando processo de aperfeiçoamento da fórmula e de consolidação do artista no cenário. E o processo está em curso, pleno. Mantém-se, porém, um cisma profundo, que não cicatriza. O culto da MPB ao totem envelheceu a música nacional; o levante do pop-rock limitou e circunscreveu essa música. Homens e mulheres como Lenine, Chico César, Arícia Mess, Fred Zero Quatro, Zeca Baleiro, Otto, Rita Ribeiro, Renato Braz e centenas de outros usaram a febre da juventude tentando (ou evitando) acontecer. A música, índice de juventude por excelência, envelheceu enquanto os esperava.

Lenine, acontecesse em 1983 da forma que aconteceu em 1997, teria poupado à MPB 15 anos de morosidade. Rebento tardio como se tornou, Lenine dobra o cabo do século 21 como um dos poucos interessados em polvilhar contemporaneidade e atualidade na sacrossanta MPB e é o artista mais centrado daquela sua geração suspensa. Que se mantém suspensa.

Pedro Alexandre Sanches

Alguns discos: *Baque Solto* (com Lula Queiroga, 1983), *Olho de Peixe* (com Marcos Suzano, 1993), *O Dia em Que Faremos Contato* (1997), *Na Pressão* (1999), *Falange Canibal* (2002). **Site:** www.lenine.com.br

Alexandre Gondin

LIA DE ITAMARACÁ

Música de extração popular é o que ela faz. Os versos – muitos, quase todos – são de domínio público e genuína ingenuidade ("carneiro quando se banha/ mete o pé, sacode a lã/ olê, olê, olá/ o galo canta é de manhã"). Mas há também composições de Capiba, Neres e Saúde e uma homenagem de Paulinho da Viola, definidora o bastante para nomear o CD, único seu disponível ao público.

A melodia é sempre simples e repetitiva. Constante é o saxofone do parceiro Bezerra, talento torto, como já se disse de Chet Baker: caminha sempre para o lado errado e, por isso mesmo, tem resultado certíssimo, emocionante.

Durante anos que se transformaram em décadas, essa pernambucana (nascida em 1944) passou os dias preparando merenda para as crianças de uma escola pública na ilha de Itamaracá, onde ela mesma nasceu e vive.

Nas noites, sabia que o mundo inteiro ia cirandar em torno dela, entregue e submisso, pés na areia e olhos no mar. Afinal, como sempre se soube e nunca se desaprendeu, à custa de muitos ais, "quem vem pra beira do mar, nunca mais quer voltar". É lição daquele outro mestre, o baiano Caymmi.

Nos tempos últimos, aproximada a casa dos 60, ela gravou seu CD, na linha de sucessão de um LP (*A Rainha da Ciranda*) que se perdeu no tempo e nos catálogos das gravadoras.

Mas ele, o tempo, trouxe outras mudanças. A sanha pela diversão que doura o corpo e descansa a mente levou muita turistada para a pequena aldeia, juntar a mão com a mão de quem nasceu e cresceu ouvindo a voz grave dela. De repente, o mundo ficou maior naquelas areias.

Como ingenuidade não é sinônimo de tolice, ela resume a ópera e tange a moçada cantando "Discoteca de Pracinha", de João da Guabiraba e Carlos Lima: "me convidaram/ pra cantar nessa festinha/ no meio dessas mocinhas/ bonitinhas e bacanas/ elas dançam rock/ cocotá e discoteque/ agora vão dar um breque/ pra vir dançar ciranda".

E assim, no auto-evidente *Eu Sou Lia* (2000), tudo está dito e entendido sobre a rainha da ciranda – Lia, a de Itamaracá.

Silvana Arantes

Discos: *A Rainha da Ciranda* (LP, 1977), *Eu Sou Lia* (2000).
Site: www.na-cp.rnp.br/~murgel/MPBNet/musicos/lia.de.itamaraca/

Evelson de Freitas/FI

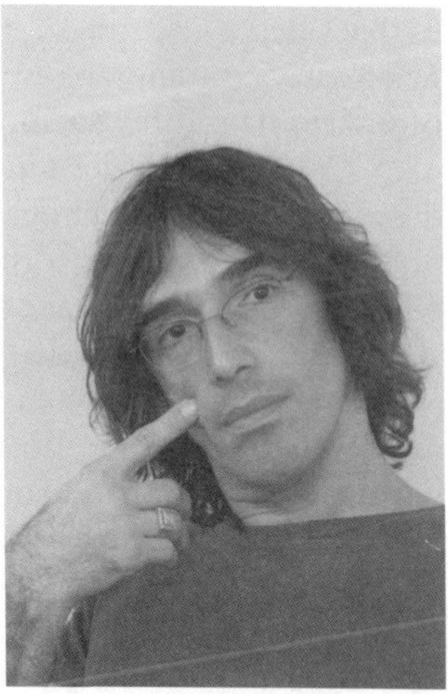

LOBÃO

Lobão já disse em shows que "Corações Psicodélicos" é a única música alegre que compôs, afirmação que deixa claro o quanto ele nunca esteve interessado em meios-termos. A canção faz parte do seu segundo álbum, *Ronaldo Foi pra Guerra,* lançado em 1984. Nesse mesmo disco, que fez acompanhado dos Ronaldos, Lobão também demonstra outra de suas características: a capacidade de chamar a atenção com boas letras e melodias. É só escutar "Me Chama", a música mais executada nas rádios durante os anos 80. Mas a carreira desse carioca nascido em 1957 começou muito mais cedo, na banda Vímana, ao lado de Ritchie e Lulu Santos, e depois como baterista da Blitz e de Marina Lima, que o estimulou a encarar a carreira solo.

Muitos se perdem analisando as polêmicas, a relevância política e a atitude *rock 'n' roll* de Lobão. Mas será possível ignorá-las ou separá-las da obra musical? Claro que não. Um homem que em 1986 já entrava nas "geladeiras" das gravadoras para declarar que o *Rock Errou* estava mesmo angustiado e ansioso para mudar o cenário da música nacional.

Como separar dos tempos de cadeia – uma condenação por porte de drogas com cara de perseguição política – e da sensação de estar em um zoológico público a obra-prima lançada no ano seguinte? *Vida Bandida* era um álbum de rock que mandava abraços para seus companheiros da cela 11 e combinava pitadas de samba com as guitarras pesadas, conquistando um sucesso que Lobão não esperava. E, se *Cuidado*, de 1988, foi mais discreto, *Sob o Sol de Parador* tem muito fôlego e *hits* de primeira qualidade, mesmo que Lobão reclame da produção.

Mais uma vez, a polêmica e a música andaram juntas nas apresentações ao vivo na Apoteose, com a Mangueira – que virou disco –, e no Rock in Rio – quando Lobão foi vaiado e deixou o palco. A vida pessoal e a carreira não estavam bem quando ele teve de lançar mais um álbum, em 1991. Não encontrou nome melhor do que O *Inferno É Fogo* para expressar o que sentia.

Era chegada a hora de inovar, e uma nova fase começou bem com *Nostalgia de Modernidade*, de 1995, ficou ainda melhor com *Noite*, de 1998, e se consagrou com *A Vida É Doce*, de 1999. Se até mesmo Lobão já duvidava de sua capacidade de se reinventar e de fazer a diferença em um cenário musical em que ele era o sobrevivente da trinca dos poetas com opinião (Cazuza e Renato Russo eram os outros), a inovação viria misturando música e atitude. Havia chegado o momento de parar de reclamar e atacar. Vendeu 100 mil CDs nas bancas de jornal com o selo de sua própria gravadora. Lobão casou o rock com a eletrônica e ainda deixou que ele desse umas saidinhas com o samba, fora do matrimônio. Estava escrita em *A Vida É Doce* mais uma página da história da música brasileira.

Em 2002, lidera, com Beth Carvalho, um movimento para aprovação da lei que obrigaria gravadoras de discos e editoras de livros a numerarem individualmente seus produtos.

Aquele mesmo músico revoltado da vida bandida agora ri ironicamente do *show business* e das grandes corporações. Lobão erra e acerta, mas não deixa de falar e, melhor ainda, de fazer música.

Mauro Bedaque Ferreira

Alguns discos: *Ronaldo Foi pra Guerra* (1984), *Vida Bandida* (1987), *A Vida É Doce* (1999). **Site:** www.lobao.com.br

LUIZ TATIT

Já se disse que, depois de Adoniran Barbosa, Luiz Tatit é o cronista urbano mais original de São Paulo. Exagero? Nenhum. As referências – automáticas, limpas, firmes – aparecem não só na escolha sensível e picante das palavras e expressões típicas e na menção a locais ou a valores inconfundíveis, mas também na ironia refinada – a brincar com a condição de "arte bairrista" – e nos gracejos que iluminam um sotaque bem próprio e cuja ingenuidade é apenas aparente. "Deu Pane em São Paulo", do CD *Felicidade* (1997), é o exemplo mais claro.

Mas Tatit (1951-) significa mais do que um cronista musical. Desde meados dos anos 70, quando ainda integrava o grupo Rumo, esse esquisito "cancionista" – como ele próprio prefere se definir – devastou campos diversos, da semiótica à reconstituição "desconstruída" de clássicos da canção brasileira, até chegar a um vale, uma área sem donos, com características muito particulares: um território autoral a um tempo virgem e ancestralmente ocupado.

"Acho que estamos criando uma espécie de monstrinho, cuja fisionomia não conhecemos e que nem sabemos onde vai parar", afirmou Tatit certa vez (à revista *Afinal*, 1º/10/1985).

Nesse espaco paradoxal, ele instituiu as bases do seu canto falado, no qual letra e melodia se encontram efetivamente indissociáveis, no qual o lirismo paulistano – e, por essa via de absoluta vinculação comunitária, universalizado – se apóia no humor mais puro, enquanto o ritmo abriga, sem atritos, a "entoação", a música da fala, como o próprio autor teve oportunidade de explicar em entrevistas ou textos.

Nos anos 70 e 80, os shows do Rumo e, mais tarde, os de Tatit eram algo inusitado, bizarro, até mesmo dentro do panorama daquilo que se chamava a "vanguarda paulistana". Talvez o estranhamento que provocavam só pudesse ser comparado, na ocasião, ao proporcionado pelas ousadias de Arrigo Barnabé. Encantavam, divertidos e incandescentes, mas sem apelação.

Em certos momentos, não se sabia se aquele pessoal cantava ou contava no palco uma história, se, por trás de sua barba, de seus óculos frios e de sua timidez, Tatit estava "tirando um sarro da cara de todos" ou simplesmente convidava a platéia a deixar de lado a tensão – era época de ditadura militar – e embarcar numa brincadeira saudável e sutil. À saída, não sobravam dúvidas: aquilo tudo era novo, incrivelmente novo, e viera para ficar.

Ficou e fincou raízes – enriquecendo-se em parcerias com artistas como José Miguel Wisnik, Dante Ozzetti, Ricardo Breim e Fábio Tagliaferri, entre outros –, até atingir uma maturidade cuja evidência se pode ouvir nos CDs solo *Felicidade* (1997) e *O Meio* (2000).

Ambos guardam uma magia: unificam o desnudamento da fala como semente da canção – um conceito caro a Tatit, que o formulou e o mantém como pedra fundamental no seu vale particular – e a capacidade de promover um envolvimento melódico-emocional original irresistível.

Ao fundo, uma linearidade e uma homogeneidade igualmente próprias na concepção dos arranjos – de voz e de instrumentos –, que, por trás do uso de muita voz e cordas, mal esconde a sua sofisticação. A mesma, aliás, que chama atenção quando ouvimos o seu modo tão peculiar de cantar, uma voz aguda que leva às últimas conseqüências tudo aquilo que a voz de um João Gilberto pode implicar.

Tatit não compõe samba, reggae, bossa-nova nem marchinha. Engole, tritura e incorpora essas possibilidades, brinca com elas, para engendrar a sua maneira de fazer canção. O "monstrinho" anda, ainda, à procura de classificações.

Embora saudado pela crítica e já interpretado por cantores(as) de ampla repercussão, nunca "estourou nas paradas de sucesso". Mas tem lugar privilegiado nas coleções de quem busca o que há de mais enriquecedor e criativo na canção popular brasileira. Entre o lançamento de um livro – pois se trata, também, de um estudioso com sólida carreira acadêmica – e o de um CD, o "vale Tatit" se firma, verdeja, em dezenas de composições. Faz, já, um território singular na história dessa canção.

Bernardo Ajzenberg

Alguns discos: *Felicidade* (1997), *O Meio* (2000). Com o grupo Rumo: *Rumo* (1981), *Diletantismo* (1983), *Caprichoso* (1985) *Rumo ao Vivo* (1992). **Alguns livros:** *Semiótica da Canção* (1994), *O Cancionista: Composição de Canções no Brasil* (1996/2002), *Análise Semiótica Através das Letras* (2001). **Alguns sites:** http://cliquemusic.uol.com.br/zbr/luiz_tatit.asp, luiztatit.homepage.com/index.htm

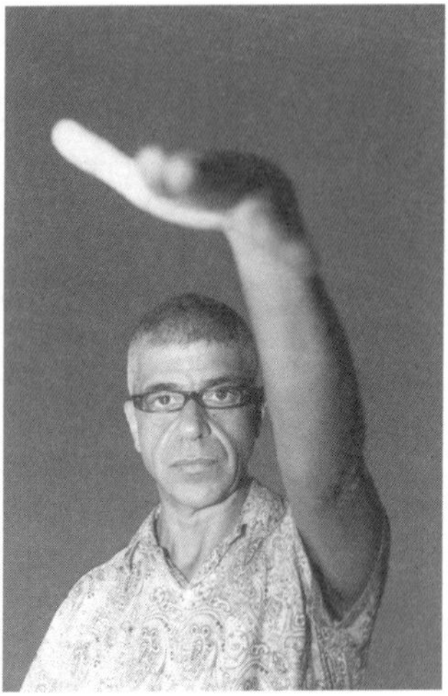

Alexandre Campbell/FI

LULU SANTOS

Era um rapaz que, como nós, amava os Beatles e os Rolling Stones. Herdeiro cético dos pioneiros nacionais, triunfou como um improvável *mix* entre Roberto e Erasmo, Mutantes, Jorge Ben e Tim Maia. Assim, forjou-se esse Elton John carioca, um Eric Clapton brejeiro, nosso George Harrison caboclo.

Lulu Santos (1953-) é o maior baladeiro do pop brasileiro. Sob o calor dos trópicos, ninguém canta a efemeridade do belo e a beleza do efêmero como ele. "Tudo muda o tempo todo no mundo", toma emprestado dos pré-socráticos seu maior clássico ("Como uma Onda"), composto em parceira com o onipresente Nelson Motta. O amor explode e acaba, a vida sobe e desce, o mundo se entende e se desconecta, "as ondas vão e vêm, vão e são como o tempo" ("Sereia").

Como intérprete, seu estilo sincopado serve à rajada de versos curtos. Em um quarto de século de estrada, seu som sempre melodioso encorpou-se sob as influências da hora, do punk ao reggae, da *dance music* ao *hard rock*, do soul ao rap. Lulu, contudo, sempre soou como Lulu.

A exuberância pós-moderna de suas referências foi alimentada pelo início como repórter de música e trilheiro de novelas. Em meados dos anos 70, o batismo pop se dava no Vímana, ao lado de dois outros ídolos futuros do rock brasileiro: Ritchie ("Menina Veneno") e Lobão ("Me Chama"). Na virada dos 80, o encontro musical decisivo: com Nelson Motta, compõe "Tesouros da Juventude", chorando a morte de Lennon, e "De Repente Califórnia", para a trilha do filme *Menino do Rio*. Uma estrofe, quase um trocadilho, soa profética: "o meu destino é ser *star*". Em 1982: zen-surfismo mais guitarra-*slide* marcam a estréia em *Tempos Modernos* – com "Areias Escaldantes" e "Get Back", rebatizado "De Leve". No ano seguinte, Lulu é *O Ritmo do Momento*, com "Como Uma Onda" e "Um Certo Alguém" (isto é, Scarlet Moon). *Tudo Azul* em 1984: "O Último Romântico" dedica-se a "iluminar a vida/ pois a morte cai do azul".

Uma década, uma penca de *hits* e seis álbuns depois (*Normal*, *Lulu*, *Amor à Arte*, *Popsambalanço*, *Honolulu* e *Mondo Cane*), outra canção resume a hora, batizando o novo CD (*Assim Caminha a Humanidade*, 1994): "ainda leva uma cara/ pra gente poder dar risada/ assim caminha a humanidade/ com passos de formiga e sem vontade". Nova onda de sucesso acompanha, no ano seguinte, mais um encontro marcante, com o DJ Marcelo Mansur. Misturando inéditas e revisitas, *Eu e Memê, Memê e Eu* vende meio milhão de cópias: nada que surpreenda, para um repertório que inclui "Fullgas", "Toda Forma de Amor", "Descobridor dos Sete Mares" e "Sereia".

De lá para cá, um novo clássico por álbum, ao menos. Em *Anticiclone Tropical* (1996), "Aviso aos Navegantes"; em *Liga Lá* (1997), "Hyperconectividade", dialogando com uma nova versão-homenagem para os Mutantes de "Ando Meio Desligado".

Calendário, de 1999, traz em "Aquilo" outra letra que é puro Lulu, na síntese neotropicalista e no gozo pelo jogo de palavras: "vejo as sombras coloridas/ sussurrando em *sensurround*/ deslizando na avenida/ meio alheio ao temporal". Difícil arriscar qual vai ficar de seu mais recente álbum, *Programa* – à frente, a apocalíptica "Do Outro Mundo".

Antecedendo-o, mais que uma concessão à moda dos álbuns ao vivo, *Lulu Acústico* ofertou-nos em 2001 um belo auto-retrato, sobretudo em "Made in Brazil", uma espécie de "Arrombou a Festa" para o novo século. "Brasileiro pop do Brasil", anuncia o refrão. Isso é Lulu.

Amir Labaki

p/ Lili

Alguns discos: *O Ritmo do Momento* (1983), *Assim Caminha a Humanidade* (1992), *Anticiclone Tropical* (1996), *Lulu Acústico* (2001), *Programa* (2002). **Filme:** *O Que É Isso, Companheiro?* (participação, 1998). **Site:** www.lulusantos.com.br

César Itiberê/FI

MARCO ANTÔNIO GUIMARÃES E UAKTI

Uma vez, no banheiro, Marco Antônio Guimarães contou os raios do ralo do piso. Eram 13. Achou estranhíssimo, pois dividir um círculo em 13 partes é difícil; mais fácil dividir em número par. Dezesseis, por exemplo. Nem todo mundo sabe o quanto a música e a matemática estão ligadas, mas os números, os grupos, os agrupamentos, a ordenação de números incitam o raciocínio e inspiram o fundador e principal compositor da Oficina Instrumental Uakti. Em 2000, escreveu uma peça – para o Uakti – inspirada nos padrões de uma toalha bordada com cachos de cerejas. Num canto da toalha, o cacho tinha cinco frutas. Noutro, número diferente. No centro, 13 frutinhas. O padrão repete-se oito vezes. Traduzindo em música: oito compassos musicais, com os módulos (os cachos com quantidades diferentes de cerejas) sugerindo uma célula melódica.

Cerebral demais? Na elaboração, sim. No resultado, o que importa para o ouvinte, de forma alguma. A música de Marco Antônio Guimarães soa como emoção pura. Sem derramamento – mas emoção, emoção, emoção. Nascido em Belo Horizonte, em 1948, começou estudando piano. Em 1964, mudou-se para a Bahia. Foi estudar na escola de música fundada por Koellreutter, onde dava aulas o inventor de instrumentos Walter Smetak e onde funcionava importante núcleo de vanguarda musical (Ernst Widmer, Lindembergue Cardoso, Milton Gomes). Trocou o piano pelo violoncelo (tocou com sinfônicas de São Paulo e Minas). Como sempre teve habilidade com ferramentas, resolveu, também, construir instrumentos.

Os primeiros eram derivações do violoncelo. Depois, passou a utilizar materiais menos nobres – os tubos de PVC tornaram-se a principal matéria-prima. Por tubos de PVC passa a água que produz o som do aqualung; peles e tubos engendram a trilobita. Mas há outras criações: o jaburu, que tem cordas tensionadas por alavancas. A torre, um módulo giratório com 11 cordas tangidas por arco. O chori smetano, que combina cordas, cabaça e madeira. São instrumentos temperados, ou seja, afináveis. Percussão que faz música.

De volta a Minas, Marco Antônio juntou um grupo de músicos inquietos, como ele, e fundou o Uakti em 1976. Uakti é o nome de um monstro lendário dos índios tucanos. Tinha o corpo cheio de furos. Por eles passava o vento, produzindo música que atraía as mulheres. Por isso, os homens o mataram e enterraram. Sobre o túmulo, nasceram três palmeiras, e dessas palmeiras constroem-se os instrumentos musicais tucanos. Assim, os músicos da tribo mantiveram sua tradição musical – sem terem perdido as mulheres.

O prosaico dessa explicação é uma chave para que se entenda e se frua a música do Uakti. Racional, nunca racionalística. Eventualmente, refere-se a jogos místicos, mas não é mística. Uma peça famosa tem o nome de *I Ching*. Mas orientação pela queda aleatória das varetas do jogo, não pelo caráter divinatório da posição da queda. Música das contas e das eventualidades.

O Uakti tornou-se popular depois de ter gravado com Milton Nascimento, no início dos anos 80. O grupo vocal norte-americano The Manhattan Transfer o ouviu no disco de Milton e o convidou para gravar. O astro pop Paul Simon seguiu o exemplo. Pouco depois, o Uakti seria colaborador constante de um admirado Philip Glass, que já deu peças para Marco Antônio arranjar (inclusive a trilha de *Sete ou Oito Peças Para um Balé*, do Grupo Corpo) e fez arranjos para composições dele. O grupo grava pelo selo Point Music, do minimalista Glass.

Há alguns anos, Marco Antônio não faz mais apresentações ao vivo. Fica em casa, compondo, arranjando e construindo instrumentos. Já criou mais de 50. Tenta, nos últimos tempos, a pedido de Egberto Gismonti, montar a combinação da trilobita com o trombone.

Mauro Dias

Alguns discos: Com o Uakti: *Uakti – Oficina Instrumental* (1981), *Uakti 2* (1982), *Uakti – Coletânea* (1987), *I Ching* (1994), *21* (trilha para o Grupo Corpo, 1997) *Águas da Amazônia* (1999). Solo: *Cirandas* (2001) *Bach/Vivaldi* (2001), *Baticum* (2002), *Lavoura Arcaica* (trilha para o filme, 2002).
Site: http://cliquemusic.uol.com.br/zbr/uakti.asp

Ana Carolina Fernandes/FI

MARIA BETHÂNIA

Os borbulhantes festivais de fins da década de 60, com seus gritos de liberdade, foram uma prévia do que nos esperava nos anos seguintes: a nova explosão da arte musical brasileira – afirmando nomes já conhecidos e introduzindo outros, misturando assim Nara Leão, Chico Buarque, Gilberto Gil, Caetano Veloso.

Antes dos festivais, porém, quando os baianos eram relativamente pouco conhecidos, chegou ao Rio, em 1965, uma menina baiana magrinha que, aos 17 anos, convidada para substituir Nara Leão no Opinião, cantou "Carcará" e, da noite para o dia, virou notícia. Talvez não imaginasse que entrava na arte brasileira para ali ficar.

Mas, desde esse primeiro instante, percebeu-se nela algo muito especial: a fera oculta no físico frágil, a voz e a postura superando, no grito destemido, a inexperiência e a timidez. Depois disso, Maria Bethânia Viana Telles Veloso traçou palcos, traçou boates, traçou corações varados pela sua arte. Foi a primeira a cantar Caetano no Sul. Abriu caminho para muitos outros.

Botou a música brasileira nos palcos europeus também, e seu trajeto não foi meteórico. Ao contrário, foi resultado de um labor e de uma labuta, da seriedade profissional crescendo. Nunca lhe faltou o critério ao escolher as músicas, a força imperiosa ao afirmar seus gostos, sem ceder a modismos nem descambar no estrelismo.

Bethânia seguiu seu caminho sem concessões, e sempre em sentido ascendente. A inteligência natural, e uma intuição poderosa de suas próprias capacidades, indicou um caminho que ela seguiu como guerreira às vezes quase feroz ao defender seus valores. Sua voz se disciplina e se torna aveludada, impressionante. Em *Imitação da Vida* (1997), o "Freqüentas minha..." deixa ver uma nova fase, um controle que só trabalho e maturidade trazem. Em *Âmbar* (1997), retomando a clássica "O Carteiro", solta sua natureza apaixonada. E, em *Maricotinha* (2001), temos desde os lances brejeiros ("Baila Comigo") até os de emoção pura e funda ("Sob Medida"). Renovando-se, abrindo-se ao inesperado – sem se desligar de sua própria raiz –, Bethânia passou de cantora com voz de veludos ou trovões a figura essencial na nossa cultura.

Pois agora não apenas expõe nos palcos e estúdios a sua arte, porém traz ao público a literatura, sobretudo brasileira e portuguesa. Uma Bethânia madura, extática ou ágil, tempestade ou murmúrio, oferece àqueles que já amavam sua voz uma literatura de primeira água, que ela mesma seleciona.

Talvez seja nisto que mais ela se afirme: na seriedade de seu trabalho, na humildade de sua entrega às exigências da arte, no respeito pelo público; na paixão pelo ofício; no despudor de ser, como todo artista, uma alma dilacerada no fogo da arte, mas também uma discreta dama que conhece a disciplina como poucos.

Essa aparição, uma quase-deusa e quase-menina, no palco sai do sério e tira do sério quem a vê. O que a distingue de todas, de todos, é talvez essa ascensão constante, essa não-concessão, essa não-facilidade, esse não-acomodamento, esse transitar entre música e literatura – sendo, além de estrela, uma artista.

Assistir ou escutar Bethânia – é quase uma sagração.

Lya Luft

Alguns discos: *Maria Bethânia Viana Telles Veloso* (1971), *Chico Buarque e Maria Bethânia ao Vivo* (1975), *Os Doces Bárbaros* (com Caetano, Gil e Gal, 1976), *Álibi* (1979), *As Canções Que Você Fez Para Mim* (1994), *Bethânia Canta Caetano* (1997), *A Força Que Nunca Seca* (1999). **Site:** www.uol.com.br/mariabethania

Ana Ottoni/FI

MARINA LIMA

"Pra começar/ Quem vai colar/ Os tais caquinhos/ Do velho mundo?" No princípio, era o rock. Quando Marina Lima apareceu, em 1979, com o disco *Simples Como Fogo*, o primeiro rótulo que lhe deram foi o de roqueira. Dezoito álbuns e 23 anos depois, é impossível classificá-la. Sempre "grávida de uma nota musical", Marina teve filhos rock, MPB, bossa-nova, dance, techno, funk, blues; e os combinou entre si sem jamais deixar de ser elegante e inteligente, em especial nas parcerias com o irmão, o excelente poeta Antonio Cícero, responsável por muito da densidade de sua produção.

Ela nasceu no Rio em 1955, mas passou a maior parte da infância e adolescência em Washington. Lá, aprendeu a tocar violão e recebeu grande parte das influências que marcariam sua música, dos Beatles a Stevie Wonder e Peter Frampton, ao lado de brasileiros, como Tom Jobim, Dolores Duran, João Gilberto e Waldir Azevedo. Desde o início da vida artística, distinguiu-se pelo estilo muito individual, inconfundível, de compor e interpretar, merecedor até de poema de Haroldo de Campos em exaltação à sua felinidade. "Não me sinto uma grande cantora, nem uma grande instrumentista", avaliou-se na introdução a *Abrigo*, o disco de 1995 em que, pela primeira vez, só gravou outros autores (de Irving Berlin a Rita Lee).

De fato, sua voz não é potente nem extensa; mas é cálida e intensa. Ela canta de modo intimista, sensual, contido, entrecortado, às vezes quase recitativo. Algumas de suas versões para músicas de outros compositores lhes deram caráter tão novo que parecem recriadas (como "Para um Amor no Recife", de Paulinho da Viola, em *Registros à Meia Voz*).

A compositora Marina se destaca pela conjunção de gêneros, sempre com o ritmo impetuoso e marcado como fio tecedor e o intenso conteúdo psicológico da poesia (às vezes dela própria, mas, nos melhores momentos, de Antonio Cícero). Embora os versos de suas canções abordem de vez em quando o social ("Um mundo sem fome mais/ Sem opressão/ Sem tráfico, sem terror/ E com união", em "Setembro"), preocupam-se mais tipicamente com a condição humana diante do amor, na constante defesa do risco da paixão. Como em "Pierrot", uma de suas mais notáveis composições da fase madura: "E tem sido assim, desde que o mundo é mundo/ Os homens temem a paixão/ Ela fere, ela mata/ Tal qual um dragão/ Enfrentar ainda causa tanto medo/ Mas fugir é bem pior:/ Voltei pra te dizer que nessa guerra/ Não há vencedor".

É esse vasculhar da vida interior instigado pela sua música que constitui a grande contribuição de Marina à arte popular e às pessoas no Brasil. "Você me abre os seus braços/ E a gente faz um país."

Carlos Eduardo Lins da Silva

Alguns discos: *Simples Como Fogo* (1979), *Fullgas* (1984), *Virgem* (1987), *Marina Lima* (1991), *Pierrot do Brasil* (1998) e *Setembro* (2001). **Site:** www.uol.com.br/marinalima/

Ana Carolina Fernandes/FI

MARISA MONTE

Marisa Monte está de pé na encruzilhada do mundo.

Em 1987, a menina de 20 anos que voltava da Itália (onde tinha ido para estudar canto lírico e cantar música brasileira) tornou-se uma celebridade instantânea nos palcos alternativos do Jazzmania e do Aeroanta. Foi atraindo cúmplices de peso, na produção (Nelson Motta; Walter Salles Jr., que produziu seu primeiro especial para TV, o que deu origem ao primeiro disco, *MM* (1989); Arto Lindsay, que a levou para o circuito internacional, para perto de David Byrne, Laurie Anderson e Philip Glass, logo a partir do segundo disco, *Mais* [1990]), no acompanhamento musical (Paulo Moura, Naná Vasconcelos, Época de Ouro) e, sobretudo, nas parcerias. Com Arnaldo Antunes, Marisa ganha a palavra leve de encaixe preciso; com Carlinhos Brown, guru do terceiro disco, *Cor de Rosa e Carvão* (1994), a exuberância das flores de maio; junto a Nando Reis, fez as maiores crônicas de sua geração, como "Ainda Lembro" e "Tudo Pela Metade", além de ser porta-voz de "Diariamente" e "Ao Meu Redor".

Em seu tabuleiro eclético de intérprete, desde o início tem Carmen Miranda e Billie Holiday, os graves arranhados de Elza Soares e os agudos de Maria Callas, e a ansiedade de unificar o mundo vai dando lugar à serenidade das raízes e às asas do pop. Essa sereia da Portela de gestos fluidos leva fãs fiéis de todas as idades e lugares a tocar com a mão o desejo, palavra que foi a primeira que gravou (em "Comida", de *MM*) e que continua gravando (o recente "Paradeiro", do mesmo Arnaldo Antunes): seu grande tema é o amor, de longa espera e breve encontro.

Marisa ganha autonomia de produção e, dona de sua voz (privilégio que divide só com Roberto Carlos, além do de poder ultrapassar 1 milhão de discos vendidos), abre também sua própria gravadora, a Phonomotor, em janeiro de 2000. Com ela, resgata a Velha Guarda da Portela de seu pai, que há 30 anos não gravava no Brasil, no disco *Tudo Azul* (1999); ao lado disso, produz *Omelete Man,* de Brown. Marisa, assim, pega para si a responsabilidade que já foi de Nara Leão, a de pôr no mesmo patamar tradição e modernidade. Leva de volta às rádios pérolas de Paulinho da Viola, esquecidas ("Dança da Solidão") e inéditas ("Para Ver as Meninas"), junto a clássicos de Candeia, Cartola, Pixinguinha, emendando com Caetano, Gil, Tim Maia, Moraes Moreira. Percorre o Brasil em longas turnês, para melhor escutá-lo.

Haverá paradeiro para o desejo de Marisa? Ponto de encontro de gerações, contemplando cada solidão, ela é feita de fogo de palha e de neves eternas. Mas isso tudo é só o começo. À sua frente há o mundo.

Sergio Salvia Coelho

Alguns discos: *MM* (1989), *Mais* (1990), *Cor de Rosa e Carvão* (1994), *Barulhinho Bom* (1996), *Memórias, Crônicas e Declarações de Amor* (2000). **Site:** www.marisamonte.com

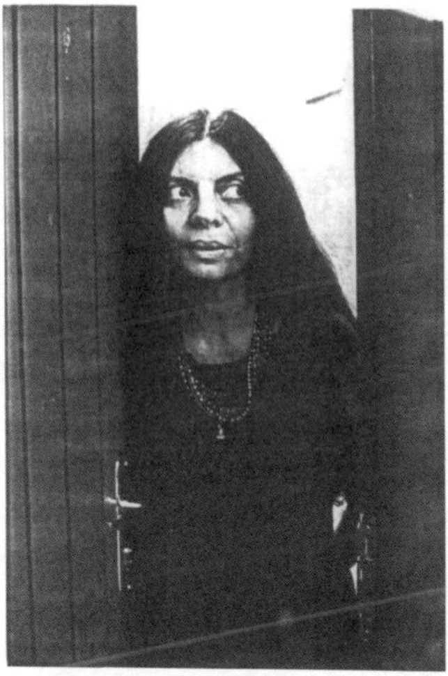

Bel Pedrosa/FI

MARLUI MIRANDA

Desde os anos 70, Marlui viaja até os povos da floresta para *viver* sua música. Toma pequenos aviões, canoas, passa dias e dias navegando um rio e, guiada por índios, faz longas caminhadas na mata levando nas costas o que necessita. Chega a lugares bem escondidos na região amazônica. Ali, aprende as canções que os habitantes cantam nos seringais, na fronteira, ocupada por soldados, contrabandistas e traficantes, ou no garimpo. As canções que as prostitutas cantam nos bordéis, as dos moradores que se divertem nas festas de arrasta-pé, as dos vaqueiros, seus cantos de desespero, de amor, de fé. E aprende a música dos índios, nossa expressão sonora mais surpreendente. Nas tribos jaboti, pakaa-nova, suruí, panará e tuyuka, entre tantas outras, Marlui aprendeu músicas de crianças, de mulheres, de velhos que cantavam a seus ouvidos. Decorou canções cantadas por índios que já morreram e não as ensinaram a seus descendentes, ou por índios de tribos que desapareceram; aprendeu a tocar instrumentos que os jovens índios já não usam. A pedido dos próprios chefes indígenas, ensina-os a gravar suas canções e suas histórias.

Para compreender a música dos índios, Marlui convive com eles: recebe pinturas corporais, nada nos rios com as crianças ou vai com elas procurar ovos de tracajá. Nos rituais, dança e canta, toca flautas, enfeita-se com seus adornos femininos. Come a comida e bebe a bebida das tribos. De noite, dorme nas redes dos índios ao luar, talvez sonhe como eles. E canta para eles. É considerada uma espécie de *bayá*, ou mestre, uma conhecedora de música, respeitada como se fosse nascida na tribo. Em tantos anos, Marlui juntou um precioso acervo de cantos, muitos dos quais ameaçados de esquecimento. Como uma artista, ela traduz esse mundo sonoro em partituras, anota as letras, que são verdadeiras poesias selvagens, faz ela mesma os arranjos e interpreta as músicas da forma mais natural, "fiel ao seu timbre, à sua tradição vocal, à sua fonética sonora", diz, mantendo a estrutura melódica e rítmica original. Mas é um trabalho profundamente pessoal e mágico. Marlui tem uma voz que parece vir do fundo da natureza, com a força das águas dos rios que se encontram e a beleza do canto dos pássaros. Ela traz até as cidades do Brasil e do mundo os segredos dos sons da floresta e a voz daqueles que costumam ser esquecidos na grande fusão cultural de nosso país. Não traz nas mãos, mas dentro de si mesma, em seu coração e em sua alma.

Marlui nasceu em Fortaleza, Ceará, em 1949, e desde criança se dedica à música. Mora numa floresta, perto de São Paulo.

Ana Miranda

Alguns discos: *Olho d'Água* (1979), *Revivência* (1983), *Rio Acima* (1986), *Ihu, Todos os Sons* (1995), *2 Ihu Kewere* (1997). **Songbook**: *Ihu, Todos os Sons* (1995). **Site:** www.na-cp.rnp.br/~murgel/MPBNet/musicos/marlui.miranda/

Ana Ottoni/FI

MAX DE CASTRO

Um tupi tangendo a guitarra. Na capa da *Time*, em setembro de 2001, ele parecia reeditar o dístico de Mário de Andrade. Havia apenas um ano, viera do silêncio e do anonimato – firme como um jovem herdeiro, calado como um guerreiro de Jorge, laborioso como um artesão. Tinha 28 anos vividos entre Rio e São Paulo quando se lançou. No inaugural e tecnológico *Samba Raro* (1999), ele manipula com naturalidade as peças de uma escuta acumulada e uma vivência precoce. Um guardião de posses alheias. Em *Orchestra Klaxon* (2002), passo seguinte, projeta a própria brasilidade em ampla ambição modernista. Max é o enigma do samba.

Sua contemporaneidade é ambígua e bipolar: um acento forte no passado, outro no futuro. Pulsam nele o pólo positivo e o negativo dessa ginga binária, desse compasso pobre, popular e cheio de realeza, que se movimenta arrastado desde remota origem, carregando dignamente o próprio fardo. Sob o manto retecnicizado de Max, os golpes da percussão permanecem os mesmos: primordiais, selvagens, imunes. E todas as coisas rejuvenescem: cem anos de samba, 50 anos de bossa. A história esteve esperando por isso, como se pedisse capítulo novo ("Depois *dele*/ não tem pra mais ninguém…").

Max reequaciona os resíduos da memória auditiva do país. Fração por fração. Vem varrendo o catálogo da MPB com musicologia e método próprios, numa triagem semelhante à do erudito diante do popular: com interesse verdadeiro, alguma ciência e uma ponta de orgulho. (À maneira de Villa: "O folclore sou eu".) É um *bricoleur*. Um colecionador de *objets trouvés* e um caçador de *ready-made*. Um pesquisador e amante dos detalhes. Autodidata, espécie de museólogo dos sons, entrega-se à extensão interminável do estúdio, onde se refugia como um laboratorista e se revela como artista.

Com precisão de miniaturista, ele refaz e redesenha, quadro a quadro, episódios inteiros da música brasileira – sem por isso estilizar ou parasitar, como mau nacionalista, domínios públicos e bens simbólicos. Sua *collage* é sutil, bem pensada e contundente. Max não concorre ao mal-estar estético do desvio (o *kitsch*). Nem ao risco de um empréstimo de mau gosto de estilos do passado (o pós-moderno). Evita a matéria explícita do *sample*, em favor de homenagem mais elevada: a referência com reverência. Dispõe em seu painel eletroacústico sucessivas sugestões por decifrar; lembranças evocadas e por vezes nebulosas, citações mais ou menos camufladas. Em uma palavra, cria palimpsestos: texto escondido no texto, música dentro da música.

Por isso, pressente-se nele alguma história ancestral, comum e ainda latejante. E sente-se já uma comoção que dispensa arroubos e sentimentalismos. Quando o filho de um dos músicos mais renegados na memória recente do país – Wilson Simonal – tece em fio amoroso e paciente retalhos sonoros do próprio passado, ele acaba por reconstituir uma genealogia que não é só sua: é coletiva. Esse é o grande arquétipo que perpassa a aura sonora de Max de Castro. Essa é sua pequena tragédia pessoal.

Porque Max, final e contraditoriamente, trouxe a anticarnavalização. O destino de seu samba sacrificial é ser imolado, quem sabe no alívio de uma cadência sensual e em câmera lenta – corpo e alma na mesma volúpia esperançosa de toda "pequena morte" pós-clímax. Suas modulações menores são tal pêndulo entre a nostalgia e o sexo, a bênção do samba e a sanha de Ossanha. Todo herói é trágico, todo animal é triste. Há mais, ainda, no seu jogo de Eros e Tânatos. Max já ditou um *Requiem*. Sua música chora as formas mortas, canta sobre os agonizantes. Há um luto subentendido, respeitoso. E um cerimonial em curso, do qual ele é o mestre. Max é a apoteose do samba: o desfile acabou. Tudo será como antes.

Regina Porto

Discos: *Samba Raro* (1999), *Orchestra Klaxon* (2002). **Site:** www.trama.com.br/maxdecastro/

Vania Delpoio/FI

MESTRE AMBRÓSIO

A primeira música do primeiro CD chama-se "José", simplesmente. Tudo no Mestre Ambrósio é assim, aparenta simples, mas é cheio de tudo o que cabe em José.

É simples, também, ceder à tentação de metaforizar Mestre Ambrósio, a banda, com Mestre Ambrósio, personagem do Cavalo Marinho, folguedo popular da Zona da Mata de Pernambuco. Arte de rua das mais ricas, tem mímica, teatro, poesia, dança, e tudo o que tem não cabe numa noite só. Ambrósio chega logo no início da brincadeira, e cabe a ele apresentar e vender as figuras ao capitão do terreiro. E as figuras são cerca de 70, cada qual com seu texto, melodia e gestual.

Já a banda nos apresenta ritmos nordestinos como maracatu, baião e coco e ritmos dos terreiros de umbanda e candomblé de lá. Daí a riqueza de instrumentos que eles utilizam, das tradicionais rabeca, zabumba e fole às universais guitarra e baixo. Isso para nem falar do arsenal percussivo. A mistura de tudo com tudo não daria certo se não tivesse um saber *por detrás*.

Siba e Eder, o Rocha, criaram a banda em 1992. (Antes tocaram rock.) O primeiro, compositor e rabequista, tem formação erudita. O segundo, percussionista-zabumbeiro, tocou na Sinfônica do Recife. Sérgio Cassiano, outro músico erudito, integrou o Maracatu Nação Pernambuco. O baixista, Mazinho Lima, também tocou muito rock. Mauricio Alves é percussionista e capoeirista, e Helder Vasconcelos, percussionista e tocador de fole. São esses dois ainda os que dançam, transformando o palco em terreiro.

No todo, seis cantadores de causos. Ora lembram cordel, ora nos relembram cenários do interior, ora fazem lembrar um universo fantástico. "Vi Zé Limeira descendo do firmamento/ um batalhão de jumento/ vinha tocando corneta/ mais de cem anjo perneta/ celebrando casamento" ("Se Zé Limeira Sambasse Maracatu").

Valorizar a cultura popular do Nordeste é uma proposta com antecedentes conhecidos, como o Quinteto Violado, uma das grandes inspirações desses cantadores. O que há, então, de particular no Mestre Ambrósio? Antes de mais nada, a rabeca, que vai além da função de dobrar o que é cantado e torna-se regente. E o ilu, instrumento só encontrado no Xangô do Recife, que é usado na estrutura da criação. Fora isso, utilizam outros instrumentos percussivos para reforçar a ação da narrativa, uma espécie de trilha sonora dentro da música.

Passando dos instrumentos para os músicos: Siba, o compositor e pesquisador da banda, é um narrador urbano de fontes regionais, mas não bebe água parada. Os Ambrósios, todos co-autores desse modo de fazer, sabem que onde não há troca estanca a vida. "Hoje eu faço um forró em pé-de-calçada/ No meio da zuada pela contramão/ Eu fui lá na mata e voltei pra cidade/ De caboco sei minha situação" ("Pé-de-calçada").

Em suma: não é o caso de trazer para cá o que se faz lá, o caso é mesmo de vice-versa, até que chega "a hora em que o tempo desaparece/ e transforma em pé de serra/ o calçadão".

Sonia Sobral

Alguns discos: *Mestre Ambrósio* (1995), *Fuá na Casa de Cabral* (1998) e *Terceiro Samba* (2001). **Monografia:** Ana Fátima de Souza, *Recife Jam* (1996). **Site:** www.mestreambrosio.com.br

Lili Martins/FI

MILTON NASCIMENTO

À primeira audição, é o nosso Paul Robeson – negro, engajado, cristão, voz inconfundível e perene melancolia. Mas é melhor e mais importante, mesmo para os americanos.

Sua voz e suas composições são impregnadas da tristeza de eras de escravidão continuadas em mais de um século de exclusão. Mesmo quando embalada pelos ritmos de um Naná Vasconcelos ou de um Gilberto Gil, a melancolia permanece ali, intacta. Em sua música, o barroco de Minas e o canto dos escravos se juntam à uma incomum identificação com a cultura latino-americana para fecundar o jazz. Há mais de 30 anos tentam classificar o resultado, em vão.

Filho de doméstica, Milton (Bituca para os íntimos) nasceu em Niterói, em 1942. Adotado por uma família branca, mudou-se para o interior de Minas, cidade de Três Pontas, de onde, de certa forma, nunca saiu.

Ainda criança, começou a tocar acordeom. Adolescente, aprendeu violão e piano e participou de grupos amadores e semiprofissionais de rock, jazz, bossa-nova, tudo que pudesse embalar os casais nas pistas e as idéias nas cabeças de uma geração que crescia na primavera brasileira (1945-68) que antecedeu um verão que nunca chegou.

Em Belo Horizonte, expandiu os seus próprios limites. Já no eixo Rio–São Paulo, encontrou três padrinhos da primeira linha da MPB: Agostinho dos Santos, Elis Regina e Baden Powell. Logo no início da carreira, foi detectado pelo radar americano. Seu primeiro disco, de 1967, trazia obras-primas como "Travessia". O segundo, *Courage* (1968), foi produzido nos EUA. E a ponte América–interior de Minas persiste desde então. Nos mais de 30 lançamentos até esta data, contou com as participações de Wayne Shorter, Pat Metheny, Eumir Deodato, Paul Simon, Herbie Hancock, Peter Gabriel (ex-Genesis), Jon Anderson (Yes) e James Taylor e da nata da música popular brasileira: Chico, Gil, Caetano, Elis, Nana Caymmi, João Donato – *you name it*. Além de participações especiais em projetos de outros artistas, de Sarah Vaughan a Duran Duran.

Fiel aos amigos e músicos, trabalha com Wagner Tiso desde os 13 anos de idade. Seus parceiros mais constantes vêm da época de BH: Fernando Brant, Márcio Borges e Lô Borges. Eles formam o mitológico Clube da Esquina, que inclui também o carioca Ronaldo Bastos, os mineiros Tavinho Moura, Flávio Venturini, Beto Guedes e Toninho Horta e inúmeros outros músicos, além dos anônimos e agregados. O grupo – e o que ele representa afetiva e musicalmente – foi eternizado em dois discos, *Clube da Esquina* (1972) e *Clube da Esquina 2* (1978). O grupo Uakti, Marco

Antônio Guimarães e Túlio Mourão são outras importantes parcerias mineiras.

O engajamento rendeu belos discos. *Txai* (1990), com direitos revertidos para a Aliança dos Povos da Floresta, tem a participação do ator River Phoenix. *Missa dos Quilombos* foi composta com d. Pedro Casaldáliga, o ideólogo e militante da Teologia da Libertação.

"Coração de Estudante", composta com Wagner Tiso para o documentário *Jango*, de Silvio Tendler, sobre o presidente deposto pelo golpe de 64, serviu de tema para a transmissão pela TV do velório e enterro de Tancredo Neves (em 1985), que teria sido o primeiro presidente civil depois do golpe se não houvesse morrido antes da posse. Com uma única canção, Milton se ligou, na memória popular, ao início e ao fim da ditadura. Durante a própria, teve quase todas as letras de sua suíte *Milagre dos Peixes* censurada. Gravou sem letra mesmo. Transformou o disco em um lamento ainda mais explícito.

Um raro tipo de diabetes, diagnosticado em 1997, fez que boatos sobre sua saúde corressem mundo, dando uma dimensão de quanto é conhecido e respeitado. Saiu da crise magérrimo, com a voz alterada. Mas com o talento intacto. Lançou então *Nascimento*, com o qual ganhou o prêmio Grammy de *world music*.

Sempre flertou com o cinema, compondo ou fazendo pontas em filmes de Werner Herzog e Ruy Guerra, entre outros. Em 2002, estreou como ator de teatro em espetáculo do grupo Ponto de Partida, de Juiz de Fora.

Tenor, dono de falsete inconfundível, pode-se argumentar que tem a voz masculina mais bonita da história da MPB.

Considerado sofisticado por boa parte da crítica, é insuspeitadamente popular. Tem viés jazzístico e vocação para os bailes da vida. Inclassificável, insubstituível, inimitável. Com Milton nasce e morre um país, triste, sensual e imperscrutável. Muito parecido com o Brasil.

Aimar Labaki

Alguns discos: *Minas* (1975), *Geraes* (1976), *Milton* (1976), *Sentinela* (1980), *Caçador de Mim* (1981), *Yauaretê* (1987), *Angelus* (1993), *Gil e Milton* (2001). **Livro:** Márcio Borges, *Os Sonhos Não Envelhecem – Histórias do Clube da Esquina* (1996). **Site:** www.cantinho.com/MiltonNascimento

Adriana Zehbrauskas/FI

MOACIR SANTOS

Embora tenha a aparência física de um Count Basie do sertão pernambucano (onde nasceu em 1926), o parâmetro justo do saxofonista, compositor, arranjador e maestro Moacir Santos é outro gigante do jazz americano. Moacir é o nosso Duke Ellington. Sua música é a mais refinada afro-fusão do popular com o erudito, uma torrente de acordes e harmonias que nos evocam savanas, o agreste brasileiro (onde se criou), as retretas da roça (onde aprendeu a tocar), as gafieiras de antigamente (onde tocou) e uma infinidade de inefáveis sensações. Aluno de Hans Joachim Koellreutter e Radamés Gnatalli, foi o mais competente e exigente professor que a primeira turma da bossa-nova (João Donato, Baden Powell, Paulo Moura, Sergio Mendes, Roberto Menescal, Nara Leão, Carlos Lyra, Oscar Castro Neves, Dom Um Romão, Airto Moreira e Flora Purim) poderia ter tido. Por que não participou do movimento? Por falta de tempo (muitas aulas, muitos compromissos profissionais) e porque, quando a bossa-nova afinal emplacou, ele já trocara o Brasil pela América.

Músico de músicos, com vasta experiência em rádio e televisão, Moacir só conheceu a fama fora de sua grei em 1963, quando Nara apresentou ao cineasta Carlos Diegues a canção "Nanã" e este incorporou-a ao filme *Ganga Zumba.* Oficialmente, "Nanã" tinha outro nome, "Coisa nº 5", uma das dez obras-primas numeradas e seqüenciadas no histórico LP, justamente intitulado *Coisas*, produzido para o selo independente Forma, dois anos depois. Por que "Coisas"? Porque Moacir pretendia alçar a música popular ao patamar clássico. Se Mozart numerava os seus temas, por que ele não podia numerar os dele?

Para o maestro, 1963 foi um autêntico *annus mirabilis*: além de trilhas para outros quatro longas-metragens (*Seara Vermelha*, *O Santo Módico*, *Os Fuzis* e *O Beijo*), fez quatro parcerias com Vinicius de Moraes (gravadas no LP *Elizeth Interpreta Vinicius*) e os arranjos do LP *Vinicius & Odete Lara.* Três anos depois, no rastro da trilha para um filme americano, *Love in the Pacific*, rodado no Brasil, mandou-se para os EUA e estabeleceu-se na Califórnia, onde o pianista Horace Silver, impressionado com a sua musicalidade, abriu-lhe as portas do paraíso jazzístico. Tocou e deu aulas em Los Angeles, gravou quatro discos (três dos quais na Blue Note), todos esgotados e inéditos no Brasil, nenhum editado em CD.

Com seu único disco brasileiro há muito fora de catálogo, Moacir virou lenda entre nós. Mas suas "Coisas", tal como ele as modelou, podem ser ouvidas num CD, *Ouro Negro*, organizado por Mario Adnet e Zé Nogueira, que a crítica considerou, por unanimidade, o melhor disco produzido no Brasil em 2001.

Sérgio Augusto

Alguns discos: *Coisas* (1965), *The Maestro* (1971), *Carnaval dos Espíritos* (1975), *Ouro Negro* (2001). **Site:** www.brazilianmusic.com/mrsamba/moacirp.html

Publius Vergilius/FI

MONARCO

"Quem é você que não sabe o que diz?/ Meu Deus do Céu, que palpite infeliz/ Salve Estácio, Salgueiro e Mangueira/ Oswaldo Cruz e Matriz..." Quando essa música de Noel Rosa veio a público, em 1935, Hildemar Dinis, o Monarco, tinha apenas dois anos de idade. Aos poucos, tomaria consciência da importância dessa geografia do samba descrita em versos pelo mestre de Vila Isabel. Monarco foi enredando-se cada vez mais nas coisas do bairro em que crescera, Oswaldo Cruz, e na escola de samba que abraçara, a Portela. Aliás, fundada por outro grande mestre e professor das antigas, Paulo Benjamim de Oliveira.

Dono de um canto grave e pouco comum, desfila sua genialidade na Velha Guarda da Portela, reduto de sambistas, pastoras, músicos e ritmistas da mais alta qualidade. Na ala dos compositores da azul-e-branco desde os 15 anos, perpetuou, ao mesmo tempo que renovou, um estilo inconfundível, marcado por uma sensibilidade melódica e poética característica dos subúrbios. Monarco é um autêntico compositor de sambas de terreiro, que só podiam ser cantados na escola se ainda não tivessem sido tocados nas rádios.

Distante da seriedade competitiva milionária do carnaval, que se esconde por entre plumas, bicheiros, carnavalescos, câmeras, turistas, jurados e paetês, e seguidor de uma história lenta, não seduzido pelos modismos, sua voz anuncia, sem a pieguice oportunista pagodeira, a cultura musical do riso, da malícia, do improviso, da crítica, qualidades minimizadas nos atuais sambas de enredo, pouco cantados pelo povo nos sambódromos.

Atento entusiasta de versos de mestres como Cartola e Noel, que compuseram "não faz amor, deixa-me dormir./ Ó minha flor,/ tenha dó de mim./ Sonhei e acordei assustado,/ receoso que tivesses me enganado./ Eu não durmo sossegado", vem dando continuidade, algumas vezes em parcerias, a uma linhagem satírica das mais criativas da música brasileira. Como podemos ouvir em "Tudo Menos Amor", com Walter Rosa: "tudo que quiseres te darei, ó flor,/ menos meu amor./ Darei carinho, se tiveres a necessidade./ E peço a Deus para te dar muita felicidade./ Infelizmente, só não posso ter-te para mim./ Coisas da vida, é mesmo assim" – ou ainda sucessos como "Vai Vadiar", com Alcino Correia, consagrado por Zeca Pagodinho, que desabafa nos versos: "Eu quis te dar um grande amor,/ mas você não se acostumou à vida de um lar./ O que você quer é vadiar!"

Samba voltado para as origens, ou "de raiz", como definem muitos, importa menos rotulá-lo assim do que enfatizar que suas músicas soam surpreendentemente contemporâneas, características dos grandes clássicos, que articulam com rara mestria tradição e novas roupagens. Protagonista de uma cultura popular pouco presente nos meios de comunicação, podemos ver em Monarco um verdadeiro historiador do samba.

Luiz Henrique de Toledo

Alguns discos: *Monarco* (1976/2000), *Monarco* (s/d); com a Velha Guarda, *Velha Guarda da Portela: Homenagem a Paulo da Portela* (1989/2000), *Doce Recordação ou Tudo Azul* (1999).
Site: www.samba-choro.com.br/artistas/monarco

Marcílio Godoi

MÔNICA SALMASO

Em tom bem-humorado, Mônica diz que fez tudo pelo avesso. Estreou em uma peça de teatro (*O Concílio do Amor*, de 1989). Durante anos cantou na noite, "onde você é fundo, não centro". Escolheu para o primeiro disco (*Afro-sambas*, de 1995), um projeto em que a voz não é protagonista, mas elemento de diálogo com o violão de Paulo Bellinati. Na Orquestra Popular de Câmara, participa de uma conversa musical em que responde por "1/12 do resultado".

O que ela descreve como um caminho fora do padrão é posto em outros termos por quem conhece de perto seu trabalho. "Mônica não é apenas cantora. É uma musicista que utiliza a voz como instrumento", resume Bellinati. Um instrumento de timbre escuro que levou mais de um crítico a tomá-la por contralto (é *mezzosoprano*). Na escuridão enxergaram algo de melancolia, daí comparações com Elizeth Cardoso e Nana Caymmi. Para o *New York Times* (comentando um show no início de 2002), o cantar de Mônica rivaliza em pureza com o de Milton Nascimento. Embora pertinentes, as associações não bastam para defini-la.

Dona de afinação natural, jamais se acomodou à beleza extraordinária de sua voz. O canto lhe sai com uma espontaneidade que o desatento pode confundir com improviso. Mas ela não improvisa nada. Não improvisa nem tem pressa.

Trabalhou mais de ano com o produtor Rodolfo Stroeter até concluir seu primeiro disco solo (*Trampolim*, de 1998). Cantos de escravos, temas de domínio público, canções praieiras. Um olhar sobre o Brasil sem pretenso regionalismo nos arranjos. "Soaria falso", justificou à época do lançamento essa paulistana nascida em 1971. "Não vivi as coisas que canto." E, no entanto, seu canto é pleno de sentimento.

Voadeira (1999), o disco feito depois que Mônica recebeu o prêmio Visa de MPB, dá seqüência ao que Stroeter define como uma leitura da alma lírica brasileira. "Estou convencido de que as gravações dela se tornarão referência", afirma o produtor. Para entender, basta ouvir o que Mônica fez com Cascata, Carmen Miranda, Herivelto Martins, Dorival Caymmi, Chico Buarque, Paulo César Pinheiro e outros tantos, além de um punhado de novos compositores.

No trabalho solo e em iluminadas parcerias, ela cria e recria música de excepcional qualidade. Já fez muito. E foi só o começo.

Renata Lo Prete

Alguns discos: *Afro-sambas* (1995), *Trampolim* (1998), *Voadeira* (1999), *Orquestra Popular de Câmara* (1998). **Site:** www.monicasalmaso.mus.br

Janete Longo/FI

MORAES MOREIRA

Moraes Moreira era um daqueles cabeludos da comunidade dos Novos Baianos. Na foto, aparece de sandálias, carregando um bebê no colo. Na outra foto, aparece balançando numa corda no quintal de uma casa em São Paulo, no bairro do Imirim. Dizem que o balancinho era tão potente que sobrevoava o muro e tirava uma rasante sobre o ônibus que passava na rua de trás, espantando os passageiros. Moraes Moreira era o cara do violão, o compositor da trupe, que tinha uma facilidade incrível para criar novas melodias.

Apesar de ter enfrentado a barra pesada dos anos 70, com polícia batendo na porta, e vendido jóias de família para comprar mamão, havia no grupo um clima de festa que era contagiante. Na música, nem é preciso dizer muito. Em *Acabou Chorare*, quando cantam "Brasil Pandeiro", um clássico de Assis Valente, dos anos 40, parece que a música foi composta por eles naquele mesmo momento. Essa interpretação dá bem a cara não só dos Novos Baianos, mas de Moraes Moreira: uma facilidade de absorver o que já existe, o que vem da tradição, e, assim, renovar e eletrizar com ritmo e clima diferentes. No sucesso "Preta, Pretinha", por exemplo, dois trechos de canções populares tradicionais surgem no final como se fossem compostos por Moreira. Também "Acabou Chorare", outro clássico do mesmo disco, e "Chuva no Brejo", de seu primeiro disco solo (*Moraes Moreira*, 1975), apesar de deixarem bem à mostra a influência macia de João Gilberto, que conviveu com a trupe no Rio de Janeiro, parecem pinçados do cancioneiro popular.

Essa facilidade Moraes carrega até hoje, quando entra em campo tocando forró ou baião – mas com "h", como diz o título do disco mais recente: *Bahião com H* (2000). A paixão pela festa popular vem de sua terra natal, Ituaçu, no interior da Bahia. Foi onde tudo começou. Garoto correndo atrás das bandas – a Lira e a Jandira, que percorriam a cidade nas madrugadas que antecediam a festa da padroeira, Nossa Senhora do Alívio. "Lindos dobrados rompendo o silêncio, entrando em meus sonhos." Com Fidélis, o "melhor sanfoneiro da região", Moraes aprendeu a tocar o instrumento. Depois, em 1963, aos 16 anos, morando na vizinha Caculé, onde fazia o curso científico, aprendeu violão. Reafinou e refinou as cordas com Tom Zé, que foi seu professor de harmonia e composição no Seminário de Música da Universidade Federal da Bahia.

Foi esse gosto pelas festas populares que fez de Moraes Moreira o cronista musical do carnaval brasileiro. Ele foi o primeiro a cantar num trio elétrico, quando ninguém ainda cantava em trio elétrico (era só instrumental). O maior sucesso: "Pombo-correio" (de *Cara e Coração*, 1976). A melodia, dos anos 50, já era um clássico dos mestres Dodô e Osmar, criadores do trio elétrico. Ela se chamava "Double Morse". Coube a Moraes colocar a letra muitos anos depois e popularizá-la dentro e fora da Bahia. Outras canções também marcaram época, como "Festa do Interior", "Lá Vem o Brasil Descendo a Ladeira", "E Assim Pintou Moçambique", "Meninas do Brasil", "Lenda do Pégaso" e tantas outras. Desde que saiu dos Novos Baianos, em 1975, são quase 30 discos, nos quais o mote é a "praça" e a pesquisa da cultura popular. Como ele mesmo se definiu no incrível maracatu "Caranguejo Dance", do disco *Estados* (1996): "Caboclo lança/ E a novidade me possui/ Danço e me vejo um caranguejo/ que na pista evolui".

Heitor Ferraz

Alguns discos: *Moraes Moreira* (1975), *Lá Vem o Brasil Descendo a Ladeira* (1979), *República da Música* (1988), *Estados* (1996), *Bahião com H* (2000); com Novos Baianos, *É Ferro na Boneca!* (1970), *Acabou Chorare* (1972), *Novos Baianos F.C.* (1973), *Novos Baianos* (1974). **Livro:** Moraes Moreira, *Instrumentos de Deus* (1978). **Site:** www.uol.com.br/moraesmoreira/

Berg Silva/FI

NÁ OZZETTI

A melhor cantora do Brasil tinha de ser mesmo o que é: a síntese das outras e a superação de todas. Ao mesmo tempo. Sua voz reúne forças temporais que até então não conviviam, como os trinados transnacionais de Carmen Miranda, os voleios vocais de Elis Regina ou o timbre aspirado de Rita Lee. Ouça-se o disco *Show* (2001). Nele, Ná Ozzetti demonstra de um jeito comovente que é o resultado de todas as outras reunidas – e que de todas se liberta como um projeto mais amplo, mais preciso e mais cortante. Não como proeza do apuro técnico, apuro que soa puríssimo, nem por um capricho estilístico, mas pelo fato elementar de que sua constituição é como a constituição da cidade que lhe dá origem. Fabricação paulistana, sua voz é como a metrópole em cujo amálgama coexistem temporalidades dispersas e tempos desconexos. Sua voz não suprime o que desafina dentro do aglomerado selvagem e urbano: simplesmente o canta e dota de uma inusitada harmonia. Um agudo seu dá razão de ser ao conjunto dos opostos que não reconhecem razões entre si. Um grave seu desce aos subterrâneos e ali adivinha direções ocultas. A voz descortina o que a matéria soterra e cala.

Isso porque Ná Ozzetti é uma fabricação da metrópole e também um projeto de metrópole. Nascida em 1958, em São Paulo, tinha 20 anos quando passou a cantar com o grupo Rumo, também paulistano, e não da gema, por favor, mas da Escola de Comunicações e Artes da USP, um grupo de vanguarda em busca dos rumos da música popular brasileira. Acontece que rumos não havia, só mais tarde eles se deixariam ouvir. Os rumos estavam em lugares ainda por se firmar, como a fala neurótica de Luiz Tatit, que, de tanto se enredar em sua prosódia auto-explicativa, foi se convertendo em obra melódica de alma absurdamente popular. Nessa prosa musical, o sentido escorrega para fora das palavras e das frases para se realizar na textura de entonações atônitas que surpreendem o ouvido: "Ah, então isso é música?" Ou, talvez: "Então isso é amor?" Quando canta, assim como quando compõe, Ná dá novo alcance à fala amorosa de Tatit e aponta aí também o rumo além do caos.

Hoje, essa cantora é como a "rocha dilatada" que aparece na canção "Morro Dois Irmãos", de Chico Buarque, que ela mesma regravou em *Ná* (1994), para lhe dar outra completude, quer dizer, para reescrever e reinscrever o próprio Chico em outra cidade e em outra substância: a melhor cantora do Brasil é uma "concentração de tempos" – além de ser direção e sentido.

Eugênio Bucci

Alguns discos: *Ná Ozzetti* (1988), *Ná* (1994), *Love Lee Rita* (1996), *Estopim* (1999), *Show* (2001). **Site**: www.uol.com.br/naozzetti/

Adriana Elias/FI

NAÇÃO ZUMBI

O efeito de Chico Science & Nação Zumbi no cenário pop brasileiro foi muito maior do que a vendagem dos seus discos.

A Nação Zumbi surgiu em 1991, quando Francisco de Assis França, que na adolescência dançava break pelas ruas de Recife, reuniu Gilmar, Toca, Gira e Canhoto, percussionistas do bloco de samba-reggae Lamento Negro (que ele conheceu no Centro Cultural Daruê Malungo, citado em uma música), a Jorge du Peixe, Lucio e Dengue, colegas seus em outros grupos (Orla Orbe, Bom Tom Rádio e Loustal).

Nessa mesma época, Chico participou da formação de uma cooperativa, "um núcleo de pesquisa e produção de idéias pop para impulsionar a cultura pernambucana para o mundo". Ele, Fred Zero Quatro (do mundo livre s.a.), o DJ Mabuse e o radialista Renato L., incomodados com a "depressão crônica" que paralisava a população de Recife (segundo estudos, uma das piores cidades do mundo para se viver), produziram o *release* "Caranguejos com Cérebro", um verdadeiro manifesto.

Ali se propunha um movimento batizado de Mangue – ambiente de fertilidade e diversidade, típico da paisagem local, mas ameaçado de destruição "por uma cínica noção de progresso". Seu símbolo, uma parabólica fincada na lama. Mais tarde, em interpretações equivocadas, muitos falariam em "Mangue Bit" (nome de uma música do mundo livre s.a.) ou *mangue beat*, pensando que se tratava apenas de um novo gênero musical, mistura de rock e maracatu.

Chico Science e a Nação tocaram em São Paulo pela primeira vez em 1993, e várias gravadoras se interessaram. Em 1994, a Sony lançou o primeiro CD – que trazia o manifesto no encarte.

A música de Recife ganhou destaque na mídia nacional e elogios em publicações estrangeiras. A reverência dos *mangue boys* às tradições populares resultou também em atenção e carinho do público jovem para com os artistas mais antigos. Mas, mesmo irradiando orgulho da sua terra, a Nação era muito crítica em relação a ela: "Num dia de sol/ Recife acordou/ com a mesma fedentina/ do dia anterior..." ("A Cidade").

Chico & Nação encantaram artistas consagrados e viraram referência para muitas bandas novas; eles tocaram nos EUA e Europa e planejavam novas turnês depois do segundo disco.

Mas, no dia 2 de fevereiro de 1997, domingo de carnaval, Chico morreu em um acidente de carro em Olinda. Trios elétricos silenciaram, e maracatus tocaram e dançaram junto às 10 mil pessoas que compareceram para a despedida.

Depois do baque e da incerteza, a Nação Zumbi fez um último lançamento pela Sony – um CD duplo com músicas novas e gravações com Chico. O quarto disco saiu por um selo independente no ano 2000, e em 2002 a Nação assinou um contrato com a gravadora Trama.

O movimento Mangue perdeu seu mais carismático caranguejo, mas a Nação é respeitada como um dos mais importantes pilares dessa ponte entre Recife e o mundo que lhe arrodeia.

Soninha Francine

Discos: *Da Lama ao Caos* (1994), *Afrociberdelia* (1996), *CSNZ* (1998), *Rádio S.AMB.A.* (2000).

Gal Oppido/FI

NAILOR AZEVEDO (PROVETA) E BANDA MANTIQUEIRA

Quando surgiu no cenário instrumental brasileiro, no final dos anos 70, Nailor Azevedo tinha tão pouca idade para tanto talento que os colegas de orquestra buscaram explicações na ciência mais avançada da época: um garoto de 17 anos tocando com tanta propriedade só podia ter sido bebê de proveta.

Houvesse aparecido 20 anos mais tarde, o instrumentista certamente seria chamado de clone, ou coisa que o valha. Os entusiastas da música adorariam que houvesse "nailores" em série. Mas ele é único.

A sonoridade de Proveta não foi, claro, fecundada *in vitro*. É fruto do ventre familiar – bendito fruto. A inseminação musical começou com o avô, que, além de lavrador de café, milho e cana, cultivava o acordeom, e com o pai, que somava ao ofício de pedreiro a construção de notas no clarinete, saxofone e órgão.

Essa engenharia genética teve cenário caipira. Foi na cidade paulista de Leme que Proveta nasceu, em

1961. Não muito tempo depois, já fazia uma quase-universidade: com nove anos, Nailorzinho estudava nas noites de segunda, terça, quarta e sexta na escola municipal de música, passava as quintas-feiras aprendendo choro com o pai e, nos finais de semana, vestia as cores da Corporação Musical Maestro Ângelo Consentino para animar o coreto da cidade.

Desde então, o saxofonista e clarinetista só fez ampliar seu coreto. Ampliar e sofisticar. Proveta levou ao pico a arte da escolha da nota justa no momento certo – e com suas pronúncias mais sensíveis. Mas seguiu com modéstia, dignidade e lealdade à música de um instrumentista de pracinha da matriz.

Foi assim quando chegou a São Paulo, como o mascote da tradicional Orquestra Silvio Mazzuca, foi assim quando tocou no 150 Night Club do Maksoud Plaza (e recusou convite de Benny Carter para ir morar nos EUA), vem sendo assim nos últimos dez anos, nos quais tem gravado com todos os nossos melhores instrumentos, do A do baixista Arismar do Espírito Santo ao Y do violonista Yamandú Costa.

Atualmente, o coreto de Nailor Azevedo leva o nome de Banda Mantiqueira. Na praça desde 1991, a orquestra criada e liderada por Proveta vem soprando na história da música instrumental brasileira um de seus capítulos mais bonitos. Misturando baião, maxixe e bossa-nova, colando o choro no samba e os dois no xaxado, os 13 "mantiqueiros" vêm rearranjando as fronteiras sonoras nacionais, dando volume orquestral ao nosso lirismo e lirismo ao nosso volume orquestral.

A indústria cultural brasileira, em mais um caso de astigmatismo, parece não enxergar nada disso, nem depois de a orquestra ter sido indicada ao Grammy em 1998. Os dois CDs da Mantiqueira estão hoje fora de catálogo. Com seus 30 anos de carreira, unanimidade instrumental brasileira, Nailor "Proveta" Azevedo ainda não tem nenhum disco solo gravado.

Cassiano Elek Machado

Alguns discos: Banda Mantiqueira, *Aldeia* (1996) e *Bixiga* (2000), os dois fora de catálogo. Proveta tem participações em *Ouro Negro* (2001), de Moacir Santos, *Cine Baronesa* (2001), de Guinga, e *Arranca Toco* (2000), de Maurício Carrilho, entre muitos outros discos. **Site:** www.brmusic guide.com/proveta/

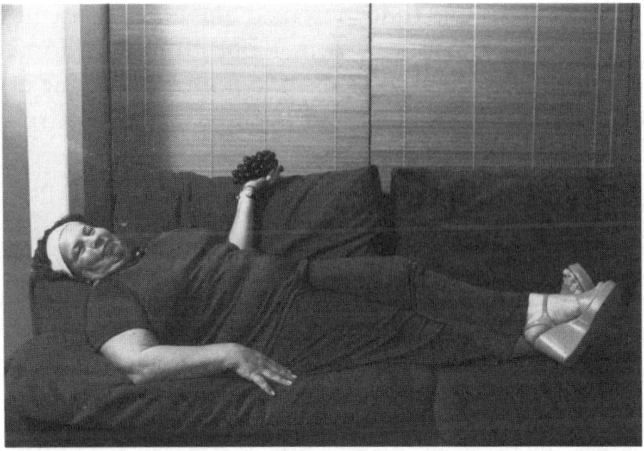

Zulmair Rocha/FI

NANA CAYMMI

Maio de 1960. No Rio de Janeiro, o Teatro de Arena realizava um show histórico – *O Amor, o Sorriso e a Flor* –, reunindo nomes como Tom Jobim, João Gilberto, Vinicius de Moraes e Nara Leão. Entre eles, estava também o veterano Dorival Caymmi, que apresentava seus filhos ao público carioca. O compositor acabava de lançar seu 30º disco, um 78-rotações com duas faixas inéditas: "Rosa Morena" e "Acalanto", essa última interpretada por Nana Caymmi. O show e o disco marcavam a estréia de uma das intérpretes mais sofisticadas da MPB, que há pouco completou 40 anos de carreira.

Nana Caymmi, nascida em 1941, herdou do pai não só o tino musical, mas ainda o timbre grave, que ela sabe explorar com ousadia e suavidade. Sua voz de contralto é valorizada tanto pela requintada técnica de respiração, que lhe permite manter notas e controlar volumes de som, quanto pela seleção de um repertório singular, muitas vezes composto especialmente para ela. Mais que tudo, porém, o que Nana consegue imprimir às canções de Tom Jobim, Toninho Horta, Milton Nascimento ou Dori Caymmi é um toque de dramaticidade que, libertando a emoção, jamais se traduz em sentimentalismo ou afetação.

À versatilidade da voz soma-se a experiência plural da cantora: Nana participou da renovação da MPB nos anos 60 – sua interpretação de "Saveiros" (Dori Caymmi e Nelson Motta) foi a vencedora do I Festival Internacional da Canção, em 1966 –, mas também cantou boleros e sambas-canções, durante muito tempo, em *nightclubs* da Argentina, do Uruguai e do Chile. Avessa aos modismos, ela mantém-se fiel a um repertório romântico que tem como centro temático, para citarmos uma de suas grandes interpretações, "os mistérios da tristeza".

A dor é do homem. Nana sabe disso e abriga em sua voz os males do amor, a solidão dos enamorados, o ciúme dos amantes. Temas que, banidos da cena simbólica contemporânea – ou banalizados nas partituras repetitivas da indústria cultural, o que dá no mesmo –, resistem ao silêncio como interrogações que pulsam no vazio. Ao dar expressão a esses sentimentos, a intérprete de "Só Louco" (Dorival Caymmi) abre espaço aos imperativos da dor para descobrir suas dimensões mais secretas e delicadas.

Eliane Robert Moraes

Alguns discos: *Voz e Suor* (com César Camargo Mariano, 1983), *Só Louco* (com Wagner Tiso, 1989), *A Noite do Meu Bem* (1994), *No Coração do Rio* (1997), *Resposta ao Tempo* (1998), *Sangre de Mi Alma* (2000), *Desejo* (2001). **Site:** http://cliquemusic.uol.com.br/zbr/nana_caymmi.asp

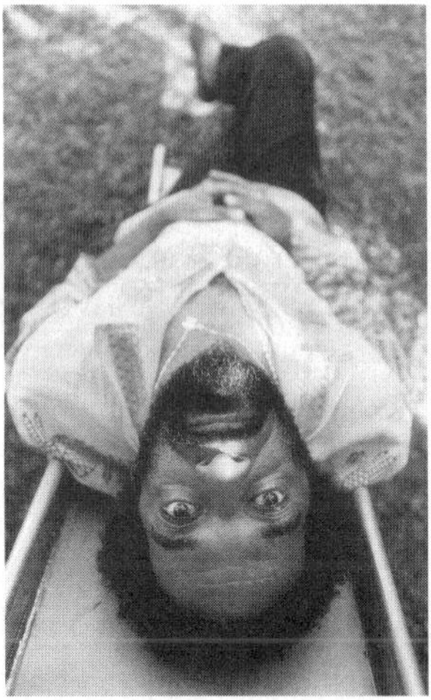

Adriana Zehbrauskas/FI

NANÁ VASCONCELOS

Uma lista com os melhores percussionistas de todos os tempos deve obrigatoriamente incluir os americanos Art Blakey, Gene Krupa e Tony Williams, mas estará incompleta se o pernambucano Naná Vasconcelos ficar fora. Batizado Juvenal de Holanda Vasconcelos, Naná nasceu em Recife em 1944 e foi baterista de cabaré, percussionista de banda e companheiro de Gilberto Gil em shows universitários dos anos 60, antes de ser disputado pelos maiores nomes do jazz, de Miles Davis a Oliver Nelson, passando pelo trompetista Don Cherry, parceiro musical e co-fundador do trio Codona (o terceiro músico era o multiinstrumentista Collin Walcott). O Codona teve curta existência, interrompida pela morte de Cherry. O grupo gravou três discos, distribuídos pelo selo alemão ECM, o primeiro em setembro de 1978 e o último em setembro de 1982. Foi o suficiente para passar à história da música experimental, da qual Naná virou sinônimo.

Filho de um violonista do Recife, Naná Vasconcelos "experimentou" todos os registros, do popular ao erudito. Foi um dos primeiros acompanhantes de Milton Nascimento quando o cantor mineiro estreou, em 1967. Integrou o Quarteto Livre, que acompanhou Geraldo Vandré quando o cantor defendeu "Caminhando" no Festival Internacional da Canção de 1968. Ainda dando os primeiros passos, compôs três anos depois a trilha sonora do filme *Pindorama*, de Arnaldo Jabor, experiência que seria repetida nos anos 80 e 90 como instrumentista em filmes de Jim Jarmusch (a trilha de *Down by Law*, composta por John Lurie) e Walter Salles (é de Naná a música do filme *O Primeiro Dia*, produzido em 1999).

De todas as parcerias, a de Naná Vasconcelos com o compositor Egberto Gismonti foi, certamente, a que rendeu as obras mais sofisticadas. *Dança das Cabeças* (1978) é insuperável como disco e experiência. Naná busca a equivalência sonora para a paisagem brasileira, como antes o fizera Villa-Lobos. Sua percussão poderosa une a tradição africana (que pesquisou no continente) e a erudição européia sem esquecer as lições dos percussionistas populares brasileiros, particularmente dos tocadores de berimbau. Naná usou todos os instrumentos de percussão conhecidos, inventou outros tantos e circulou pelos mais variados gêneros, do jazz acústico à vanguarda eletrônica.

Passando pela *fusion* do guitarrista Pat Metheny, Naná Vasconcelos foi tentado diversas vezes pela fortuna do pop (tocou com o conjunto Talking Heads, o cantor Peter Gabriel e o grupo irlandês U2, que o queria como integrante), mas resistiu em seu caminho solitário. Assinou poucos discos como solista (*Africadeus*, *Amazonas* e *Contaminação* – composto para um desfile da grife M. Officer – estão entre eles). A despeito disso, é o único percussionista do mundo capaz de segurar sozinho uma platéia de 2 mil pessoas. Entre os motivos, é recomendável ouvir pelo menos três dos melhores: os discos *Saudades*, *Bush Dance* e *Duas Vozes*.

Antonio Gonçalves Filho

Alguns discos: Naná Vasconcelos tem 16 discos gravados. Entre os essenciais, além dos três citados acima, estão *Dança das Cabeças* (com Gismonti, 1978), *Codona* (com o grupo Codona, 1979) e *Contaminação* (1999). Em 2002, lança *Minha Lôa*. **Site:** www. nanavasconcelos.com/

Augusto R. Coelho

NELSON AYRES E ORQUESTRA JAZZ SINFÔNICA

O nascimento da Orquestra Jazz Sinfônica, no início da década de 90, confunde-se, não por acaso, com alguns dos mais significativos nomes da música brasileira. Arregimentados pela tentadora possibilidade de criação de uma orquestra dedicada à música popular brasileira, Arrigo Barnabé, Luiz Arruda Paes, Edmundo Villani Cortes, Amilson Godoy e Cyro Pereira, entre outros nomes de mesma considerável importância, foram alguns dos envolvidos na solidificação de um projeto consistente de exploração e pesquisa da música nacional.

Desde o início das atividades, em junho de 1990, o direcionamento do trabalho da orquestra esteve bem claro: encontrar novas linguagens para a música popular brasileira, conceito que se baseia na qualidade da produção musical do país, traduzida tanto na mais regional das manifestações como no movimento da bossa-nova; aliar à MPB as possibilidades oferecidas por um conjunto sinfônico; e, conseqüentemente, direcionar os músicos a uma maior versatilidade, baseada na sofisticação do repertório que eles se propunham a enfrentar.

Nessa proposta, no conseqüente peso da qualidade dos arranjos, na valorização da liberdade de expressão e de improvisação, já se desenhava a possível colaboração com Nelson Ayres. Instrumentista, arranjador, compositor, fundador do Pau Brasil, grupo associado à vanguarda da música instrumental brasileira, Ayres (1947-) estudou regência com Diogo Pacheco e aperfeiçoou-se na Berklee School of Music, nos EUA, no final da década de 60. Chegou à orquestra como diretor artístico em 1992, trazendo consigo uma trajetória de colaboração com Chico Buarque, Benny Carter e Dizzy Gillespie, obras como "Jeová" e "Samba-Rock" e o disco *Pindorama*, trabalho destoante em meio à mesmice da música instrumental do país nos anos 80.

Ayres delineou e consolidou a proposta da Jazz Sinfônica, reunindo a sua volta nomes como Aldir Blanc, Guinga, Edu Lobo, Leila Pinheiro, Moacir Santos e Antonio Nóbrega. Apenas uma pequena amostra da atividade desenvolvida ao longo de nove anos; suficiente, no entanto, para que se possa constatar a presença de um elemento em comum: a elevação do trabalho do arranjador, guiada por um modo moderno de fazer música, abarcando o maior número possível de estilos. Com a presença de Ayres, a orquestra pôde tornar-se um dos poucos grupos em atividade a preservar seu propósito no decorrer dos anos.

Ayres deixou a orquestra em fins da década de 90, mas não rompeu definitivamente com o grupo, com o qual ainda trabalha ocasionalmente como arranjador, compositor e regente. Segundo músicos, sentiu a incongruência entre o dinamismo necessário para os trabalhos e a pesada massa burocrática do Estado. Essa, porém, é outra discussão, que não mancha o legado de Ayres. Como diretor artístico e arranjador, ele ainda é referência para o trabalho do grupo. Nas palavras de Marcelo Jaffè, que o substituiu no cargo, Ayres "é o perfeito exemplo do músico brasileiro, com ouvido desenvolvido, instinto, sensibilidade, talento natural".

João Luiz Sampaio

Disco: *Música Popular do Brasil* (1999).

Darcy Cardoso/FI

NELSON SARGENTO

O toque de alvorada de Nelson Sargento foi dado no dia 25 de julho de 1924, no Rio de Janeiro. Sua mãe, Rosa Maria da Conceição, era empregada de uma família de comerciantes atacadistas portugueses. Quando soldado raso, digo, garoto, Nelson freqüentava o morro do Salgueiro, onde iniciou sua convivência com o samba.

Na adolescência, Nelson passou a ter um padrasto, Alfredo Português, um compositor de fados que ganhava a vida como pintor de paredes, uma das primeiras ocupações do menino. Alfredo deu ao enteado seu primeiro violão e foi o responsável pela mudança da família para o QG da Mangueira, onde ele aprendeu a tocar ao lado de grandes patentes como Cartola e Nelson Cavaquinho.

Nelson serviu o Exército e, quando deixou a caserna, tinha alcançado o posto de sargento. De volta às rodas de samba, não teve como escapar ao apelido.

Não demorou, e Sargento ganhou novas divisas, passando a capitanear a ala dos compositores da Mangueira. Ali, um de seus primeiros sambas foi "Cântico à Natureza", composto em parceria com Jamelão e Alfredo Português, que passara a se interessar pela música dos morros cariocas. Também é de sua autoria e do padrasto aquele que é considerado um dos mais belos sambas-enredos de todos os tempos, "As Quatro Estações do Ano", hino das forças mangueirenses no carnaval de 1955.

Nelson deixou de ser um lugar-tenente e ganhou estatura de major quando realizou, em 1965, um show de nome *Rosa de Ouro*. Depois disso, passou a integrar o grupo A Voz do Morro, ao lado de coronéis do samba como Paulinho da Viola, Zé Kéti e Elton Medeiros.

É autor de mais de 400 sambas, e vários se transformaram em clássicos, como "Idioma Esquisito", "Vai Dizer a Ela" (com Carlos Marreta), "Falso Amor Sincero" e "Nas Asas da Canção", que compôs com dona Ivone Lara.

Sargento empunhou outras armas além do violão. Com o pincel, tornou-se pintor primitivista e, com a caneta, escreveu dois livros (*Prisioneiro do Mundo*, 1983; *Um Certo Geraldo Pereira*, 1994). Ainda trabalhou como ator em dois filmes: *O Primeiro Dia*, de Walter Salles, e *Orfeu do Carnaval*, de Cacá Diegues.

Aliás, de certa forma, Cacá Diegues foi o responsável pela redescoberta de Nelson, que aconteceu quando o compositor pintava as paredes da casa do cineasta. Ele passava mais tempo contando suas histórias e cantando suas músicas, entre elas "Samba, Agoniza mas Não Morre", que Cacá mostrou para Beth Carvalho, que a gravou em 1978. A música se transformou numa espécie de hino de resistência da cultura dos morros e do próprio samba.

Por seus quadros e livros, mas principalmente por suas músicas, Nelson Sargento mereceria ser chamado de Nelson General.

José Roberto Torero

Alguns discos: *Sonho de um Sambista* (1979), *Encanto da Paisagem* (1986), *Inéditas* (1991), *Flores em Vida* (2002).

Ana Carolina Fernandes/FI

NEY MATOGROSSO

Era um cara estranho, carregado de colares, cocares, miçangas, penachos, purpurina, o olhar penetrante como dois faróis no breu, sob uma densa máscara de *pancake* e batom, voz aguda, corpo esguio e seminu, requebros sensuais – a reencarnação de Carmen Miranda em versão *kitsch-glitter*-rock-latina. Um escândalo, no melhor sentido da expressão. Só quem viveu no Brasil de 1973 é capaz de dimensionar o impacto da estréia de Ney Matogrosso à frente do grupo Secos & Molhados. A simples combinação dos elementos citados já seria suficiente para detonar as barricadas do preconceito, da censura e do regime militar, então reinante. Além do arsenal cênico, no entanto, havia um repertório poderoso, uma sonoridade peculiar e poesia.

Um sucesso atrás do outro – "O Vira", "Sangue Latino", "Rosa de Hiroshima" – transformou o grupo numa espécie de mania nacional. Mas a carreira foi tão marcante quanto meteórica – durou apenas dois discos. O grupo tentou em vão se sustentar sem ele. Independente dos ex-parceiros, Ney levou a melhor.

Tinha porte de astro, dominava o palco como poucos. Fez shows impactantes, conquistando público e crítica, não sem uma boa dose de escracho e autoironia, como no baião "Homem com H". Sempre melhor em cena do que nas gravações, também lançou discos bem produzidos, como *Ney Matogrosso* (o primeiro solo, 1975), *Bandido* (1976), *Feitiço* (1977) e *Pescador de Pérolas* (1986).

Cada vez mais ousado, Ney superou a estranheza exótica para tornar-se símbolo aglutidanor da diversidade. Tanto na música como nas atitudes.

Pós-tropicalista, injetou androginia e suingue latino no sisudo mundo masculino do rock. De um extremo a outro, chegou às câmaras de Tom Jobim e Villa-Lobos, ao longo dos anos. Libertário, nas entrevistas questionava preconceitos e comportamentos estabelecidos. Foi agente combustível para liberar desejos reprimidos que só precisavam de uma faísca para explodir.

Num país com tradição de grandes vozes femininas e poucos cantores brilhantes, Ney imprimiu seu timbre e seu estilo, sem paralelo na MPB. A originalidade de sua interpretação o torna uma espécie de co-autor daquilo que canta. Detalhista da unha do pé à iluminação, virou sinônimo de alto profissionalismo na terra do improviso e do desleixo. Ator de teatro, ex-artesão, ex-hippie, Ney é uma *avis rara*, um dos poucos artistas completos na música brasileira.

"O excesso é meu natural", afirmava. Mas o intérprete por baixo da fantasia amadureceu. Dispensando esporadicamente os acessórios extravagantes, ele apareceu pela primeira vez sem maquiagem ou balangandãs em 1986. Nos anos 90, dedicou-se a revisitar o repertório de suas musas Angela Maria e Carmen Miranda e o cancioneiro de grandes autores, como Cartola e Chico Buarque, com quem é mais afinado. Aos 61 anos, com um físico invejável, o requebro não é mais gesto desafiador, foi assimilado como parte do show. Ainda assim, basta uma leve mexida nas cadeiras para a platéia vir abaixo. Nem as vovós resistem. Oba!

Lauro Lisboa Garcia

Alguns discos: *Secos & Molhados* (1973), *Secos & Molhados* (1974), *Ney Matogrosso* (1975), *Pescador de Pérolas* (1986). **Livro:** Denise Pires Vaz, *Um Cara Meio Estranho* (1992). **Site:** www.uol.com.br/neymatogrosso/

Folha Imagem

OS CARIOCAS

Surgiram na fase de ouro dos conjuntos vocais, os anos 40. Vinham no bojo da voga norte-americana, na qual – se deixarmos de lado os grupos femininos, como as Andrew Sisters, que Hollywood acolheu, para privilegiarmos os masculinos – brilharam alguns de alta qualidade, como os Four Aces, os Everly Brothers, os Inkspots. No panorama brasileiro haveria vários, à frente o Bando da Lua, inseparável da figura e da atuação de Carmen Miranda, lado a lado tanto com os Anjos do Inferno quanto com os Quatro Ases e Um Curinga.

Campeões de longevidade, quinteto antes de ser quarteto, Os Cariocas embaralharam a escalação e os naipes, até se extinguindo, mais de uma vez – mas estão aí, liderados por Severino Filho, ultrapassando meio século desde a estréia em 1942. Só não ganharam a inscrição no *Guinness Book of Records* devido às interrupções de funcionamento, e nesse lance quem levou o galardão internacional foram os Demônios da Garoa.

Similares aos conjuntos entre os quais se situavam à época de seu nascimento, apostaram na originalidade e foram cada vez mais se distinguindo dos outros. E parecem ter encarnado a própria alma da bossa-nova. Enfatize-se o refinamento: a polifonia bem temperada; os arranjos das vozes, influenciados pela clave erudita, especialmente a da modernidade; a harmonia em cromatismos que resvalam pela dissonância; as vocalizações alçando-se a um falsete agudíssimo; a delicadeza enquanto sonoridade. Uma experiência do inefável é presenciá-los a cantar *a cappella,* quando a aura que emana de seus desempenhos granjeia espessura.

Vieram a ser requestados como parceiros de disco pelos melhores, como Tom Jobim, freguês até contumaz, e Chico Buarque, João Donato, Milton Nascimento, Carlos Lyra e Dorival Caymmi, para só citarmos a nata.

O gosto sem mácula que os caracteriza se expressa já na escolha do repertório, que cobre um âmbito vastíssimo mas nunca se degrada. Tornaram-se clássicos, isto é, não são datados, derrotaram a tirania do tempo, à qual arrebatam também os ouvintes, nas asas mágicas de seu canto. Não estouraram nas paradas do sucesso mercenário. Mantiveram-se à margem da mercantilização, traçando um perfil da maior dignidade e de recusa a concessões, cuja marca registrada é a constância. Entre os outros conjuntos vocais masculinos do país, desse se avizinham, em craveira diversa mas com caráter próprio, o MPB-4 ou os Demônios da Garoa em sua osmose com o samba paulista e Adoniran Barbosa. Entre os de fora, só os Swingle Singers se comparam em musicalidade, sofisticação e bom gosto.

Walnice Nogueira Galvão

Alguns discos: *O Melhor de Os Cariocas* (1988), *A Bossa Brasileira* (1997), *Os Amigos do Rei – Tim Maia e Os Cariocas* (1997), *Os Clássicos Cariocas* (2001). **Site:** www.sombras.com.br/cariocas/cariocas.htm

Publius Vergilius/FI

OS PARALAMAS DO SUCESSO

Herbert Vianna uma vez cantou: "Eu sou Maguila, não sou Tyson". É um verso de "Perplexo", canção da safra 1989 (*Big Bang*), um tempo em que Mike Tyson demolia os melhores boxeadores do planeta invariavelmente no primeiro assalto e Maguila divertia os brasileiros com seu estilo desengonçado, as bravatas aos adversários e as surras que aplicava em lutadores decadentes e que, às vezes, levava deles.

"Eu sou Maguila, não sou Tyson" está longe de ser o verso mais importante de "Perplexo", no qual Herbert exprime o seu espanto com o governo Sarney: "Mandaram avisar/ Agora tudo mudou/ Eu quis acreditar/ Outra mudança chegou". Mas é uma frase que ajuda a entender um pouco Os Paralamas do Sucesso – uma espécie de Macunaíma do rock brasileiro.

Filho de militar, nascido em João Pessoa (em 1961) e criado em Brasília, Herbert formou a banda em 1981, já no Rio, em companhia de Bi Ribeiro, filho de diplomata, e de Vital Dias, colega de cursinho pré-vestibular. Na primeira apresentação importante, na Universidade Federal Rural do Rio de Janeiro, Vital não apareceu, sendo substituído pelo estudante de zootecnia João Barone.

Com essa formação (Herbert, guitarra e vocal; Bi, baixo; e Barone, bateria) e uma música que homenageava o colega faltoso ("Vital e Sua Moto"), os Paralamas do Sucesso conseguiram ser ouvidos na Fluminense FM, a rádio que ajudou a deslanchar a carreira dos principais grupos de rock nos anos 80.

Cinema Mundo (1983) e *O Passo do Lui* (1984), os dois primeiros discos, são repletos de canções colegiais, ingênuas, até hoje boas de ouvir, retratos sem retoque das preocupações de jovens de classe média vivendo nos grandes centros do país. São dessa época sucessos como "Química", de Renato Russo ("Não saco nada de física/ Literatura ou gramática/ Só gosto de educação sexual/ E odeio química"), e "Óculos", de Herbert ("As meninas do Leblon/ Não olham mais pra mim/ Eu uso óculos").

Os Paralamas teriam deixado uma alegre lembrança, como a Blitz ("Você Não Soube Me Amar"), se seguissem nessa trilha. Mas já em 1985 saiu *Selvagem?*, que abre com "Alagados", uma canção que diz: "Alagados, Trenchtown, favela da Maré/ A esperança não vem do mar/ Nem das antenas de tevê/ A arte de viver da fé/ Só não se sabe fé em quê".

Para muitos críticos, é o melhor dos 14 discos do grupo. Inclui "A Novidade", em parceria com Gilberto Gil, "Selvagem" ("A polícia apresenta suas armas...") e "Você", de Tim Maia. A partir de então, não será mais possível chamar de "banda de rock" um grupo que se arriscará por ritmos como o ska, o reggae, a salsa e até o samba. Sempre expondo as suas opiniões sobre temas da atualidade, como a miséria, a violência policial, a corrupção e a ineficiência dos políticos.

Com quase 20 anos na estrada, os Paralamas podem se orgulhar de raramente se repetir. Não é pouco. Nem sempre acertam, mas demonstram uma genuína vontade de fazer arte, e não apenas música descartável, com canções e discos menos comerciais do que devem esperar os executivos das gravadoras (*Os Grãos*, 1991, e *Severino*, 1994, para citar dois exemplos).

Há dez anos, Herbert também vem desenvolvendo um trabalho solo, que já rendeu três discos (*Ê Batumaré*, 1992, *Santorini Blues*, 1997, e *O Som do Sim*, 2000), em tudo diferentes dos Paralamas. Em 2002, sai um novo CD do trio (o primeiro depois do grave acidente de ultraleve que Herbert sofreu em 2001, deixando-o paraplégico), com a promessa, para a alegria dos fãs, de uma turnê de shows de lançamento.

Mauricio Stycer

Alguns discos: *O Passo do Lui* (1984), *Selvagem?* (1985) e *Arquivo II* (1991/2000). **Livro:** Arthur Dapieve, *BRock – o Rock Brasileiro dos Anos 80* (1985). **Site:** www.uol.com.br/paralamas/

Evelson de Freitas/FI

OTTO

Otto é o cavalo de Exu que veio para acabar com a MPB. Não com a música popular brasileira, bem entendido. Mas acontece que nos anos 90 parecia necessário sacudir bem o samba e as outras formas de música brasileira dos modelos e dos filtros que a geração dos anos 60 acabou por impor, definindo quais as músicas "populares" e "brasileiras" que mereciam tal nome e combinavam com certas idéias de refinamento e sofisticação.

De campos distantes e muitas vezes opostos, na década passada emergiram reações ao pensamento único emepebístico. Por um flanco, vieram os exércitos popularescos com o pagode, o axé e o neo-sertanejo, formas derivadas de campos do "popular" e do "brasileiro" desprezados pelo bom gosto da MPB. Pelo outro lado, armadas pela circulação rápida de uma música pop internacional cada vez mais diversa e ajudadas pela simplificação tecnológica da eletrônica, novas gerações passaram a se reapropriar das músicas populares brasileiras ou a se apoderar diretamente de formas do pop internacional sem o menor traço de intermediação da MPB, como foi o caso do rap.

No Recife, final dos anos 80, surge um coletivo de idéias empenhado justamente em redescobrir as possibilidades da música brasileira para além da MPB, para aquém do rock brasileiro dos anos 80 e para bem longe da releitura eruditada da cultura popular pernambucana realizada pelo Movimento Armorial de Suassuna. Com as raízes fincadas tanto no mangue recifense quanto nos bits dos computadores e nos *beats* eletrônicos, o *mangue bit/beat* (os dois termos são usados, mas a segunda forma é mais generalizada) apostava numa cultura pop autóctone.

Otto (1968-) saiu desse caldo de cultura, mais especificamente do mundo livre s.a., banda que, ao lado de Chico Science & Nação Zumbi, foi uma das fundadoras e mais importantes do *mangue beat*. Com o mundo livre s.a., gravou o fundamental *Samba Esquema Noise*, disco-manifesto que dialoga com e atualiza o *Samba Esquema Novo* de Jorge Ben (1963).

Mas foi em carreira solo que sua musicalidade anárquica deslanchou, com *Samba pra Burro* (1988) e *Condom Black* (2001). No primeiro, sambas e cirandas dão voltas sobre si pelas vibrações graves do *drum 'n' bass*. Disco com caráter francamente experimentador, em que se sente a mão do produtor Apollo 9, explora com mestria as possibilidades eletrônicas das sonoridades nacionais.

No segundo, Otto remapeia a música negra brasileira, subvertendo o mito da miscigenação musical que relega aos africanos a "cozinha" rítmica e descobrindo as melodias e harmonias do terreiros de candomblé, do reggae e do funk do subúrbio carioca, do rap paulistano. E isso é só o começo...

Bia Abramo

Discos: *Samba pra Burro* (1998), *Condom Black* (2001); com o mundo livre s.a., *Samba Esquema Noise* (1994). **Site:** http://cliquemusic.uol.com.br/zbr/otto.asp

Luiz Carlos Murauskas/FI

PATIFE

O nome do indivíduo é Wagner Borges Ribeiro de Souza. Patife é como ficou conhecido o bamba que conquistou as pistas com seu jeito contemporâneo de fazer samba. Sambaloco, como definem aqueles que o criaram.

DJ de bailes e festas populares, desde os bailes de periferia o samba estava presente nos *sets* de Patife. Depois veio o hip-hop, como membro do grupo Fatos Reais, e, com ele, o domínio dos *breakbeats*, base rítmica do *drum 'n' bass*. As batidas quebradas são o motor das músicas negras urbanas contemporâneas – do break, do rap, do hip-hop – e desembocam no jungle, hoje *drum 'n' bass*.

Em 1995, durante residência no *club* Arena Music Hall, na zona sul de São Paulo, Patife atravessou a ponte até o jungle. Já compartilhava a vocação com o hoje superastro Marky, na época ainda Marquinho.

O jungle é uma das variantes principais da música eletrônica que se populariza desde o fim do século

20 e é predominantemente música de dança (*dance music*, na origem). O jungle é uma mistura de origens negras (o *ragga* jamaicano, o *breakbeat* urbano, o jazz e, sobretudo, o *free jazz*) que se constitui num pote étnico rico (Londres, início dos anos 90). Essa combinação é submetida ao filtro techno, que lhe acrescenta atmosferas, camadas psicodélicas e efeitos urbanos (sons de rua, sirenes).

Das músicas eletrônicas, o *d'n'b* se demonstrou aquela com maior capacidade de "metamorfoses globais". Onde se instala, ganha fusões locais. E, no Brasil, o resultado soa extraordinário no encontro com o samba, também música de dança.

O selo Sambaloco Records é a casa-mãe. Nela se entrecruzam projetos de artistas como Xerxes, Ramilson Maia, Andy C, Bruno E., Koloral, Max de Castro e Drumagick, além de Patife e Marky.

Em 1999, com 23 anos, Patife estreou em CD com *Sounds of Drum 'n' Bass*, um *set* arrasador, no qual a estrutura do *d'n'b* sofre intervenções suingantes ("Science Funktion") e o Brasil dá as caras em intervenções instrumentais ("Blue Vibe"), bossa-novistas ("We Like the Music") e samba-funkeadas ("The Secrets of the Floating Island").

Em 2001, com *Cool Steps*, Patife atinge o ponto alto da fusão. O álbum, que conta com produções próprias, abre com ares de samba de roda ("Torch of Freedom"), avança com samba-jazz ("A Go Go") e salta da elegância moderna do jazz ("Revisited") para iluminar os ouvidos com a retomada literal da bossa-nova (na exuberância de "Só Tinha de Ser com Você"). É só um aperitivo. Daí para a frente, o samba-funk-jazz executa o comando "mexe e sacoleja", as origens se reforçam na companhia de João Parahyba ("Jam Session"), e o ciclo se fecha com "Sambassim".

Para não admirar, só se for ruim da cabeça ou doente do pé.

Cássio Starling Carlos

Alguns discos: *DJ Patife Presents Sounds of Drum 'n' Bass* (1999), *The Brasil EP* (2001), *Sambaloco Espiritual Drum 'n' Bass Vol. 1* (2001), *Cool Steps – Drum 'n' Bass Grooves* (2001).
Site: www.uol.com.br/noise/bullpatiferele.htm

Ana Ottoni/FI

PAULINHO DA VIOLA

Há nas canções de Paulinho da Viola (1942-) a imagem recorrente de uma infância guardada, de uma menoridade feliz. Desde as coisas que "estão no mundo/ só que eu preciso aprender", de um de seus primeiros sambas, até "meu pai sempre me dizia/ meu filho tome cuidado// quando penso no futuro/ não esqueço o meu passado", daquela que é talvez sua obra-prima ("A Dança da Solidão"), sua poesia é toda atravessada por imagens de permanência ("devagar, devagar, devagarinho"), de apreço pelo passado ("e seu doutor/ o meu pai tinha razão"). É raro, num artista tão forte e único, essa cautela a cada verso, como a pedir licença a um tempo pleno e já perdido para exibir o próprio rosto.

Pois, se de um lado "ninguém pode explicar a vida num samba curto", de outro seria preciso "uma pausa de mil compassos para ver as meninas" – comprimido ou extenso demais, o presente parece sempre inadequado, como se o esforço da poesia de Paulinho da Viola fosse justamente ultrapassá-lo, conservando-o. Daí, talvez, uma melancolia de fundo em seu modo de compor e de cantar, como quem olha a vida meio de longe, num reino intermediário que não admite superlativo, pois "não era do céu nem era do mar", mas que multiplica em sua modéstia o peso e a memória do que foi, é e será: o próprio samba "trazendo a alvorada", o samba como um rio (em oposição ao sublime e à desmesura do céu e do mar) "que passou em minha vida/ e meu coração se deixou levar".

É nessa ampliação de um gênero já pleno (o samba), que no limite não precisa de ninguém, nessa criação paradoxal no interior do que parece completo e perfeito, que Paulinho da Viola encontra seu viés e sua singularidade. Trata-se, talvez, de uma compreensão profunda e única da dificuldade atrelada ao sentido de conclusão e acabamento que a bossa-nova trouxe à nossa música como um todo. Num plano mais imediato, trata-se também de uma tentativa de acesso poético a uma grandeza popular que nunca se materializou verdadeiramente, uma Grécia do samba que nunca virou vida, mas fotografia, memória e canção – e que deve, portanto, ser cantada, a um só tempo, como perda e como glória, exposta em seu ato mas guardada em seu sono.

É por isso, talvez, que há em sua música essa "lava que cobre tudo", algo que nunca se mostra, e que sua "solidão, palavra", está "cavada no coração", como uma sereia sem voz que somente a vida meio perdida, meio esquecida, sabe escutar.

Nuno Ramos

Alguns discos: *Paulinho da Viola* (1968), *Foi um Rio Que Passou em Minha Vida* (1970), *Dança da Solidão* (1972), *Nervos de Aço* (1973), *Memórias Cantando Memórias Chorando* (1976), *A Toda Hora Rola uma História* (1983), *Prisma Luminoso* (1983), *Bebadosamba* (1996). **Site:** http://samba-choro.com.br/s-c/paulinho.html

L.C. Leite/FI

PAULO CÉSAR PINHEIRO

Paulo César Pinheiro descobriu cedo, muito cedo, que tinha nascido para o verso. Antes dos 15 anos, Paulinho (como muitos dos amigos o chamam) já tinha escrito a letra de "Viagem" ("Ó tristeza, me desculpe, estou de malas prontas, hoje a poesia veio ao meu encontro..."), bela e premonitória metáfora dos percursos do poeta e sua poesia.

Em 1968, com apenas 19 anos, venceu a Bienal do Samba, com "Lapinha" ("Quando eu morrer, me enterrem na Lapinha..."), feita em parceria com ninguém menos do que Baden Powell e depois gravada e imortalizada por Elis Regina. No mesmo ano, "Sagarana" ("A mulher tinha o morenês que se quer verdeolhar"), dele e do primeiro parceiro, João de Aquino, participou do III Festival Internacional da Canção. De inspiração rosiana, a letra de "Sagarana" chamou a atenção de Tom Jobim, que o convidou para dividir a lavra de "Matita Perê" ("Manhã noiteira de força viagem/ Leva em dianteira um dia de vantagem"), obra-prima que dá nome ao antológico disco em que Tom apresentou ao mundo "Águas de Março". Estamos em 1971, Paulinho tem apenas 22 anos e já é membro definitivo do clube dos grandes mestres da poesia musical brasileira.

Dali em diante, seguiram-se tantas e tão importantes obras – Paulinho escreveu mais de 1.300 letras, das quais mais de 700 já foram gravadas – que é quase impossível enumerá-las sem correr o risco de, inadvertidamente, deixar de lado uma ou outra.

Em quase 40 anos de carreira, Paulo César Pinheiro esteve presente nas mais diversas manifestações da nossa cultura popular. De ecletismo sem par, participou de trilhas sonoras de filmes, espetáculos teatrais e televisivos, foi parceiro dos mais talentosos músicos da sua e de outras gerações (Pixinguinha, Lenine, Edu Lobo, Francis Hime, Mauro Duarte, Dori Caymmi, João Nogueira, Theo de Barros, Vicente Barreto, Elton Medeiros, Guinga, Sivuca, Raphael Rabello e Sérgio Santos, além dos citados ao longo deste texto), engajou-se corajosa e talentosamente na luta contra a ditadura militar, escreveu letras de amor como pouca gente sabe escrever, publicou três livros de poesia, exaltou nossa cultura e nossa nacionalidade e deixou para o acervo das jóias da canção popular brasileira vários textos primorosos, como o de "Cordilheiras" ("Eu quero ter a sensação das cordilheiras desabando sobre as flores inocentes e rasteiras"), que tem música de Sueli Costa (a quem dedica particular admiração), ou o de "Mordaça", com música de Eduardo Gudin (parceiro de vasta lista de preciosidades, como "Desperdício", "Lá Se Vão Meus Anéis", "Veneno" e "Deixa Teu Mal", entre outras). São da contundente "Mordaça", por sinal, estes versos, que – glória suprema a que todo poeta aspira – já fazem parte do fraseado popular: "O importante é que a nossa emoção sobreviva".

Em "Pesadelo" (com música de Maurício Tapajós), que se tornou um dos hinos de resistência à ditadura, Paulinho profetizava: "Quando um muro separa, uma ponte une..." Foi-se a estupidez da ditadura militar e sua censura, mas nos foi impingida outra ditadura, a da mediocridade cultural pasteurizada. Paulinho continua arquiteto da ponte, que agora passa sobre o muro da vergonha da pior das ditaduras, a da monocultura do mau gosto, e aterrissa na riqueza da diversidade temática de nosso país, da qual é legítimo, brilhante e fecundo arauto. Penhorada, a cultura brasileira agradece.

Pasquale Cipro Neto

Alguns discos: *Paulo César Pinheiro* (1974), *Poemas Escolhidos* (1983), *Afros e Afoxés da Bahia* (1989); com Eduardo Gudin e Márcia, *O Importante É que a Nossa Emoção Sobreviva* (1975); com João Nogueira, *Parceria* (1994); com Sérgio Santos, *Áfricos* (2001). **Livros:** *Canto Brasileiro* (1972), *Viola Morena* (1986), *Atabaques, Violas e Bambus* (2000). **Site:** http://cliquemusic.uol.com.br/zbr/paulo_cesar_ pinheiro.asp

Márcio Fernandes/FI

PAULO VANZOLINI

Tudo começou em 1934, quando o menino Paulo Emílio, aos dez anos, ganhou uma bicicleta do pai e foi passear no Instituto Butantã. "Nesse dia, minha vida se resolveu", diria o futuro zoólogo, apaixonado pelos répteis.

E tudo continuou. O menino, nascido em São Paulo, aos quatro anos foi com a família para o Rio. Aos 18, o jovem entrou para a faculdade de medicina; época em que começou a freqüentar as rodas de samba cariocas. Nascia o compositor.

Da paixão do menino pelos répteis, a "ronda" se inicia. Paulo Vanzolini abandona a faculdade e um estágio no Butantã para servir o Exército. Quer participar da FEB, na Segunda Guerra Mundial, mas seu batalhão não é convocado. Como soldado do Exército, começa a patrulhar a zona de prostituição perto do largo do Arouche, em São Paulo, e aos 21 anos, tendo como cenário a avenida São João, uma canção lhe veio pela noite, para brilhar: seu clássico maior, o samba-canção "Ronda".

Daí em diante, é chegada a hora adulta. O autor de "Ronda" começa a dar aulas no Colégio Bandeirantes (SP) e a trabalhar no Museu de Zoologia da USP. Forma-se um ano depois, casa-se e vai para Harvard (EUA) fazer o doutorado em zoologia. Na volta, continua compondo, e em 1963, entre outras músicas, surge "Volta por Cima", gravado primeiro por Noite Ilustrada, e grande sucesso, depois, de seu LP de estréia, *Onze Sambas e uma Capoeira* (1967).

Poucos conseguem viver em um vasto mundo. Além da rima, Paulo Vanzolini encontrou a solução. Transitando por vários mundos, floresceu como um dos principais cientistas brasileiros – uma das maiores autoridades sobre ecossistema amazônico –, além de ser um dos mais representativos compositores do samba paulista.

Em 2002, sai uma antologia (em quatro CDs) reunindo grande parte de suas composições, muitas das quais inéditas em disco e nenhuma registrada em partitura. Do elenco das novas gravações, participam, entre outros, Chico Buarque, Paulinho da Viola, Virgínia Rosa, Cristina Buarque e Miúcha, bem como diversos grupos da cena atual do choro e do samba paulistano (entre eles: Trovadores Urbanos, Nosso Choro, Banda de Macambira).

Depois de tanto silêncio (tendo sofrido a perda de seus parceiros preferidos), quem sabe o doutor Vanzolini não faz outra "ronda" pela música popular brasileira? Como ele mesmo diz em uma de suas canções: "Mas, francamente, de que/ Serve tanta paz?"

Livia Garcia-Roza

Alguns discos: *Onze Sambas e uma Capoeira* (1967), *Paulo Vanzolini por Ele Mesmo* (1981) *Antologia de Paulo Vanzolini* (no prelo). **Alguns livros:** *Lira* (poemas, 1951), *Métodos Estatísticos Elementares em Sistemática* (1993). **Site:** http://cliquemusic.uol.com.br/zbr/paulo_vanzolini.asp

Marcelo Rossi

PENA BRANCA

Que espaço pode ter hoje uma música que despreze símbolos urbanos, preferindo falar de coisas simples como "o galo cantou", "arruda cheirosa", "carro de boi" e "chuva no teiado"? Mais: o que tem a dizer uma música rural num país que se crê industrial, que tem a palavra "caipira" como sinônimo de algo fora de moda, "jeca"? Pior ainda: que diabo fazem na terra (com minúscula mesmo, de barro) gente como Pena Branca, Tinoco, Inezita Barroso, Rolando Boldrin e tantos outros se até "eles" – os "sertanejos" – agora fazem sucesso cantando o fuzuê da cidade em vez do "ranchinho muito triste"? Teria o sertão secado de vez?

Não bastasse o empobrecimento que a macaquice *country* trouxe ao gênero a partir dos anos 90, a música caipira ainda sofreu um bocado, assistindo ao fim de duas das duplas que melhor representam a música brasileira autêntica. Tonico morreu em 1994, obrigando Tinoco a um difícil recomeço. Em 1999, foi a vez de

Xavantinho ir embora, pondo fim prematuro à dupla que formara com seu irmão Pena Branca no final da década de 50 e que acumulara prêmios (Sharp e APCA, entre outros) ao longo da carreira. Pena Branca chorou, tirando do rosto o sorriso de sempre. Respirou fundo e resolveu prosseguir. A recompensa pelo esforço veio logo, com o álbum de reestréia, *Semente Caipira* (2000) – ganhador do Grammy latino de melhor disco sertanejo em 2001. Sertanejos são assim.

Pena Branca nasceu na zona rural de Uberlândia, em 1939. Batizado José Ramiro Sobrinho, aprendeu a tocar sozinho, pegando escondido o cavaquinho do pai. Passou depois para o violão, mas, quando o irmão mais novo também começou a tocar – e melhor –, pulou para a viola. E gostou. "Ele põe a viola debaixo do braço, do travesseiro, almoça e janta com ela", dizia sempre Xavantinho – nascido Ranulfo Ramiro da Silva em 1942, na mesma cidade que o irmão.

Descendentes de uma geração que enxergou importância no sertão, Pena Branca e Xavantinho souberam como poucos trafegar entre o erudito e o popular. Trouxeram para o repertório sertanejo temas de Mário de Andrade ("Viola Quebrada"), Caetano Veloso ("O Ciúme") e Tom Jobim ("Correnteza") e deram cores ainda mais dramáticas a "O Cio da Terra", de Chico Buarque e Milton Nascimento. Cantaram com Ná Ozzetti em disco (no *Violas e Canções*) e foram para os EUA fazer show (em 1993).

Pena Branca e seu irmão fizeram tudo isso, mas nunca deixaram de assobiar os uirapurus e rouxinóis da terra. E talvez este seja o grande motivo para a música caipira continuar existindo: esses cantores, poetas e violeiros tristemente empoeirados, tirados do mesmo saco de uma farinha pura, amarelinha e cheirosa que não chega à cidade grande, "óiam" e cantam o que a maioria de nós não vê nem sente mais. Assim como cantam e tocam sua viola, colocam a mão na terra, molham as canelas na água fria e comem bolo de fubá com café adocicado de avó – como sempre fizeram e farão.

Ver Pena Branca é uma delícia, com sua sinceridade mineira, prosa suave, bom humor e sorriso eternos. Ouvir Pena Branca é sinestésico. Dói de tão bonito.

Paulo Nascimento Verano

Alguns discos: Pena Branca e Xavantinho: *Violas e Canções* (1993), *Ribeirão Encheu* (1995) e *Coração Matuto* (1998); Pena Branca: *Semente Caipira* (2000), *Pena Branca Canta Xavantinho* (2001). **Site:** www.casadovioleiro.8k.com

Fernando Moraes/FI

PINDUCA

Há cerca de 30 anos, quando estreou em disco, o carimbó de Pinduca não era coisa que se ouvisse nas salas de estar da gente respeitável de Belém. O som geralmente provinha das cozinhas, junto com o cheiro de fritura, e por isso mesmo era irresistível; ali, como no boteco da esquina e nos bailes da periferia, reinava absoluto. É certo que o Pinduca das capas daqueles discos ainda aspirava a certa respeitabilidade – paletó quadrejado, camisa passada, cabelo penteado, essas coisas –, logo desmentida pela música sincopada e pela dança cheia de molejo.

Ainda bem, pois seria difícil imaginar algo mais saudavelmente plebeu e caboclo. Executado e dançado em toda a Amazônia, o carimbó é filho sincrético de índios e portugueses: dos primeiros, herdou a batida monótona, os tambores, as maracas e a dança circular, meio zoomórfica; dos segundos, os demais instrumentos, "clássicos" (banjo, flauta etc.), as mãos para o alto, os estalos de dedos, a barra da saia meio levantada. Pinduca encarnava tudo isso sem muito esforço.

Natural de Igarapé-Mirim, Aurino Quirino Gonçalves formou a primeira banda nos final dos anos 50, foi granjeando nome e gravou o primeiro disco em 1973 (*Carimbó e Sirimbó do Pinduca*), misturando canções tradicionais a outras de sua própria lavra. De lá para cá, muita coisa mudou. Mudou Belém, que cresceu desmedidamente. Mudaram as boas famílias de outrora: cederam lugar à classe média de hoje, que não vê problema em dançar um ou dois números de carimbó em festas de casamento. Veio a Zona Franca de Manaus, que transformou LPs mequetrefes em CDs de ar mais moderno. Nesse meio tempo, mudou Pinduca, que, ao menos em certo sentido, soube fazer apostas certeiras. Trouxe instrumentos eletrônicos para a formação tradicional, aproximou-se da lambada, do axé, do boi de Parintins, trocou o jeito de bom moço por um chapelão supostamente folclórico. Virou o "Rei do Carimbó". Fez e faz sucesso.

Talvez tenha perdido alguma inocência; há quem prefira, com alguma razão, as canções de tom e feitio mais antigo e mais anônimo, dessas que se cantarolam desde sempre, pouco importando de quem sejam. E haverá quem se pergunte, nos termos do próprio Pinduca: "Siriá, meu siriá, onde você foi parar...?" Que se ouça, julgue e cante.

Samuel Titan Jr.

Alguns discos: *Carimbó e Sirimbó do Pinduca, Carimbó do Macaco, Muito Pinduca, Na Base do Xengo, Xengo* (todos sem indicação de data). **Site:** www.pinducacarimbo.com.br

João Wainer/FI

RACIONAIS MCs

Para quem acha que espontaneidade é a principal qualidade dos pretos pobres da periferia, o primeiro alerta: o Racionais MCs não nasceu espontaneamente. O mais importante e influente grupo de rap brasileiro foi criado por sugestão de Milton Salles, organizador de bailes funk em São Paulo. Foi Salles quem apresentou Mano Brown e Ice Blue, da zona sul paulistana, a KL Jay e Edi Rock, da zona norte, no final dos anos 80.

Foi Miltão, como os negros o chamam, quem deu uma biografia do líder negro americano Malcom X para Brown ler.

Essa leitura mudaria Brown, o rap brasileiro e a visão que os jovens negros urbanos têm de si e do mundo. O próprio Brown reconhece que ficou "fanático" pelas idéias de Malcom X, na melhor entrevista que já deu, a Spensy Pimentel, para a revista *Teoria & Debate* (nº 46, jan. 2001): "Estava quase virando terrorista. Virei uma bomba ambulante. Quase fiz umas merdas..."

Para quem acha que o discurso de Brown é uma mistura de marxismo de terceira mão regurgitado pelos Black Panthers com pregações de supremacia negra, o segundo alerta: o rap do Racionais é crônica de costumes, música de negro sobre a vida no gueto, na melhor tradição malandra inaugurada em 1929 por Wilson Batista (1913-68) e seguida por Geraldo Pereira (1918-55), Moreira da Silva (1902-2000) e o Jorge Ben de "Charles, Anjo 45". Esse mundo assusta e fascina a classe média branca porque ela acha que violência é coisa de preto pobre da periferia, e não filha renegada da política econômica.

Para quem acha que agora começou a entender, o último alerta: só o Racionais MCs consegue unir a violência em escala vietnamita que tomou conta da periferia (nas letras) com a sutileza do balanço de cadeiras de uma negra da Vai Vai (no ritmo).

Mario Cesar Carvalho

Alguns discos: *Holocausto Urbano* (1990), *Escolha o Seu Caminho* (1992), *Raio X do Brasil* (1993), *Racionais MCs* (1994), *Sobrevivendo no Inferno* (1998), *Racionais MCs ao Vivo* (2001), *Nada Como um Dia Após o Outro Dia* (2002). **Ensaio:** M.Rita Kehl, "A Fratria Órfã", *A Função Fraterna* (RJ: Relume Dumará, 2000). **Sites:** www.bocada-forte.com.br, www.realhiphop. com.br

Carlão/Click Estúdio

RENATO ANDRADE

A viola caipira é a alma da música sertaneja. Ao longo dos anos, desde Raul Torres e Florêncio até os dias de hoje, sempre houve um grande tocador de viola caipira. Lamentavelmente, no entanto, os grandes solistas da viola, nas décadas de 30 e 40, não puderam deixar registro fonográfico: as gravadoras alegavam que o disco solo não era vendável e só gravavam duplas.

Renato Andrade nasceu em Abaeté (MG), em 1932. Estudou violino e música com Flausino do Vale, iniciando-se, assim, como músico erudito. Em 1968, voltou-se para a viola caipira, instrumento que o tornou famoso, tanto por sua técnica apurada quanto por seu estilo próprio de pontear. Três anos mais tarde, no Rio de Janeiro (RJ), começou a participar de concertos. Em 1977, o compositor Guerra-Peixe assinou a contracapa do LP *A Fantástica Viola de Renato Andrade*, seu primeiro disco e o primeiro disco instrumental a ter sido gravado no Brasil só com viola caipira. Além de excelente instrumentista – violanista, como exige ser chamado –, ele é grande compositor de música brasileira. Dele, disse Milton Nascimento: "tem a alegria, o tormento, a ginga e a malícia dos que amam a terra".

O som de sua viola é portentoso, inconfundível. Na verdade, segue a trilha de Raul Torres e Florêncio, Bambico, Tião Carreiro, Zé do Rancho e outros, cuja música armorial emocionou e influenciou tantos em tantos cantos deste Brasil.

Marcos Marcondes

Disco: *A Viola e Minha Gente* (1999). **Livro:** Rosa Nepomuceno, *Música Caipira – da Roça ao Rodeio* (1999). **Site:** http://cliquemusic.uol.com.br/zbr/renato_andrade.asp

Chico Ferreira/FI

RENATO BORGHETTI

Se fosse o caso, ele poderia pendurar sua gaita na parede, ficar velhinho e ler a seu respeito, num balanço da música brasileira no século 20: "Nenhum instrumentista da música rio-grandense de base folclórica teve mais prestígio nacional do que Renato Borghetti". A afirmativa poderia vir acompanhada por centenas de citações dos principais jornais e revistas do país nas décadas de 80 e 90. Desde demoradas apreciações críticas até notas em colunas mundanas.

Mas não é o caso. Aos 39 anos, Borghettinho está cada vez melhor e, depois de ter conquistado o Brasil e a Argentina, pavimenta uma carreira internacional que, em março de 2002, teve seu ápice, com mais de 20 apresentações na França, Itália, Áustria e Alemanha – foi sua quarta turnê européia. Como antes aqui, o músico projeta lá a estampa que é quase um logotipo: bombachas, cabelos longos sob a aba do chapéu escondendo os olhos e a postura que faz o instrumento ser uma extensão do corpo.

Ele surgiu em 1984, como fenômeno. Em dez meses, seu LP de estréia vendeu mais de 100 mil cópias (hoje passa das 200 mil), conquistando o primeiro disco de ouro da música instrumental brasileira. Em 1988, já estava no Free Jazz, provocando na imprensa uma discussão sobre se sua música regional devia estar mesmo naquele palco. Como é um sujeito tímido, o contrário do gauchão de anedota, deixou a polêmica no ar e seguiu em frente, escalado para o elenco do Projeto Pixinguinha.

Hoje, Borghettinho pode ser ouvido tanto no Teatro Amazonas, tocando com uma orquestra sinfônica, como no palco de uma feira agropecuária do interior de São Paulo. Tanto pode ser atração do Accordion International Festival, em Viena, como de festas juninas do Nordeste. Faz em média cem shows por ano, muito mais em outros estados do que no Rio Grande do Sul (onde se apresenta pouco, mesmo sendo considerado um mito). E ainda consegue surpreender público e crítica.

"A gaita-ponto pode parecer um instrumento limitado, mas só até Renato Borghetti começar a tocá-lo", dizia um crítico paulista ("A.M."), na *Folha de S.Paulo*, em 1991. Esse instrumento, aliás fabricado especialmente para ele por uma fábrica italiana, játocou e/ou gravou com Luiz Gonzaga, Dominguinhos, Sivuca, Hermeto Pascoal, Adriana Calcanhotto, Kleiton & Kledir, Engenheiros do Hawaii, Almir Sater, Léo Gandelman, Mercedes Sosa, Leon Gieco, Marco Pereira, Yamandú Costa e até Leon Russel e Edgar Winter.

Juarez Fonseca

Alguns discos: Borghetti tem 15 discos lançados. Destacam-se *Gaita Ponto* (1984), *Renato Borghetti* (1988), *Renato Borghetti/Hermeto Pascoal ao Vivo* (1995), *Accordionist* (1995) e *Paixão no Peito* (2001). **Site:** www.renatoborghetti.com.br/

Luiz Carlos Murauskas/FI

RIACHÃO

Riachão, nascido Clementino Rodrigues no ano de 1921, forma com Batatinha (1927-97) a dupla fundamental do samba feito na Bahia a partir de meados do século 20. Ao contrário de Caymmi e Gordurinha, seus contemporâneos que migraram para o Sudeste, os dois permaneceram em Salvador, cidade natal, e por isso tiveram seu valor reconhecido tardiamente no resto do Brasil. Mas na Bahia sua influência se faz sentir em nomes como Caetano, Gil, Carlinhos Brown e Tom Zé, para citar os mais conhecidos, e em sambistas mais tradicionais como Roque Ferreira e Nelson Rufino.

Riachão é o *performer* nato, sempre vestido de forma peculiar, com bonezinho e paletó brancos, contrastando com o lenço vermelho e a toalhinha no pescoço, além das pulseiras e colares pelo corpo. Essa vocação pop fez com que Carlos Rennó o definisse como "o avô de Carlinhos Brown". Na década de 1940, Riachão estreou no rádio, onde fez história com suas atuações explosivas nos programas ao vivo da Sociedade da Bahia, onde permaneceu até 1972, quando acabou a fase áurea do rádio baiano. Nas décadas de 50 e 60, foi gravado por Jackson do Pandeiro ("Meu Patrão", "Saia Rota" e "Judas Traidor") e pelo Trio Nordestino ("Retrato da Bahia"). Foi apelidado de cronista musical da cidade, por fazer sambas que comentavam o cotidiano da antiga Salvador. Além disso, Riachão é o autor do clássico "Cada Macaco no Seu Galho", gravado duas vezes por Caetano e Gil (em 1972, simbolizando a volta do exílio, e em 1993, no CD *Tropicália 2*), e de "Vá Morar com o Diabo", gravado em 2001 por Cássia Eller no *Acústico MTV*.

Mais conhecido como sambista, também compôs toadas, marchinhas juninas, choros e até um tango. Com temáticas variadas, e muito influenciadas pelo samba de roda de raiz baiana, suas canções são marcadas por um minimalismo *avant la lettre* que, em poucos versos, define situações corriqueiras e estados d'alma, o que torna suas músicas de fácil comunicação. Nesse sentido, e por sua presença de palco, seu senso de humor e sua alegria contagiantes, é o precursor da chamada *axé music*, que, em muitos de seus intérpretes, reproduz comportamentos bem semelhantes ao de Riachão, um autêntico animador de platéias. Riachão lançou seu único CD, *Humanenochum*, em 2001, com a participação de Caetano, Brown, Tom Zé e Ivone Lara.

Paquito

Discos: *Humanenochum* (2001); Batatinha e convidados, *Diplomacia* (1999). **Site:** www.facom.ufba.br/pexsites/musicanordestina/riaclet.htm

Evelson de Freitas/FI

RITA LEE

Rita Lee apareceu nos anos 60 com os Mutantes, os músicos geniais que deram um salto qualitativo do rock brasileiro. A cantora era tão talentosa como os irmãos Baptista, e os três cultivaram, além do talento musical, a irreverência e os jogos paródicos. Mesmo depois, com o Tutti Frutti e com Roberto de Carvalho, esses traços marcam a voz e o modo de ser da cantora e compositora.

Um dos talentos de Rita Lee Jones (1947-) é saber misturar harmonias e ritmos distintos. Suas composições mais antigas, em parceria com Arnaldo Baptista ("Balada do Louco", "Ando Meio Desligado", entre outras), falam da liberdade de amar e viver. Essa liberdade, que ela busca na música e na vida, foi também um grito afinado contra tabus e normas sociais numa época pesada, de repressão e censura. Contra tudo isso, ela se entregou a viagens transgressoras e alucinantes, como uma "Ovelha Negra" desgarrada da classe média paulistana. Além disso, Rita foi uma presença importante no tropicalismo. Antes da gravação do LP *Tropicália ou Panis et Circensis* (1968), os Mutantes e Gil apareceram juntos no Festival da Record de 1967, com "Domingo no Parque". Em 1976, os Doces Bárbaros lhe dedicaram "Quando"; no ano seguinte, Rita e Gil reapareceram no show (e depois LP) *Refestança*, que revela afinidades que não são apenas musicais.

Louca pela MPB de todos os matizes, Rita foi e é madrinha de crianças, jovens e marmanjos de várias gerações. Sua voz espantou muitos males na década de 70, quando muita gente, depois dos protestos e passeatas contra a ditadura, ia assistir aos shows da nossa maior estrela do rock. À interpretação de "José" (1970), com uma vozinha leve e aguda que fascinava chapeuzinhos-vermelhos e suas vovós, somaram-se outros sucessos nos anos 80, como "Lança Perfume", "Chega Mais" e "Baila Comigo".

No fundo, a Rita Lee roqueira nunca deixou de ser lírica. Desde muito jovem, ouviu e admirou os Beatles, e deve tanto às baladas inglesas e norte-americanas quanto à MPB. Dessa mistura criativa Rita bolou sua *bossa 'n' roll*. Em 1970, gravou "And I Love Her", e seu CD mais recente (2001) é uma homenagem aos Beatles. Foi irreverente em programas de TV nos anos 60, de rádio nos 80, e continua zombeteira e teatral quando canta e fala, com seus trejeitos e caretas, seus cabelos, óculos e lábios de cores quentes e chocantes, que também fazem parte de seu show.

A voz, leve, delicada e sensual, parece embalada por um balanço bossa-novista, outro achado da cantora. Mas tudo o que ela interpreta é movido por ironia e brincadeiras paródicas, levadas a tal extremo que Rita dá impressão de ser muitas personagens em uma só artista. *Mutatis mutandis*: Rita Lee.

Milton Hatoum

Alguns discos: *Build Up* (1970), *Entradas e Bandeiras* (1976), *Babilônia* (1978), *Rita e Roberto* (1985), *Rita Lee em Bossa 'n' Roll* (1991), *Rita Lee – Acústico* (1998), *Aqui, Ali, em Qualquer Lugar* (2001). **Livro**: Carlos Calado, *A Divina Comédia dos Mutantes* (1995). **Site:** www.ritalee.com.br

Beto Barata/FI

ROBERTO CARLOS

A melhor interpretação sobre Roberto Carlos ainda é aquela produzida por Augusto de Campos no remoto ano de 1966. Naquele pós-64, o ensaísta teve a coragem de dizer que havia maior proximidade entre o jeito de cantar de RC e o de João Gilberto do que entre o desse último e o de Elis Regina. "Jovem-guardistas como Roberto ou Erasmo cantam descontraídos, com uma espantosa naturalidade, um à-vontade total. Não se entregam a expressionismos interpretativos; ao contrário, seu estilo é claro e despojado", dizia Campos.

O golpe de 64 coincidiu com a chegada ao Brasil do fenômeno dos Beatles, como mostra o filme *Jango*, de Silvio Tendler, em que a Marcha de Deus com a Família aparece acompanhada por uma canção do quarteto de Liverpool. Logo depois, RC (nascido em 1939), oriundo da tradição da bossa-nova, inaugurava, com a Jovem Guarda, uma versão brasileira da onda britânica. Na luta pelo mercado, o samba levou então uma rasteira do iê-

iê-iê. Assim, gostar de Roberto era não só regressivo (canção de massa), como politicamente reacionário.

Ao reaproximar RC de JG, Augusto de Campos indicava que podia haver insuspeita continuidade entre a Jovem Guarda e a linha evolutiva da MPB. Como mais tarde proporia Caetano Veloso, trata-se de algo da seguinte ordem: a bossa-nova foi o modo brasileiro de absorver a influência do jazz, assim como Roberto encontrou a maneira nacional de traduzir o rock. Não há espaço aqui senão para indicar que, na realidade, Roberto tinha mais a ver com o *rock 'n' roll* norte-americano dos anos 50 do que com Lennon, McCartney, Harrison e Starr (mais bem absorvidos por Rita Lee e pelos Mutantes, além de pelos próprios Caetano e Gil). Importa fixar a hipótese de que RC contribuiu para uma leitura original do pop, fertilizada pelas descobertas de JG.

Desde meados dos anos 70, Roberto (1939-) tornou-se uma contrafacção de si mesmo. Desistiu do rock e aderiu ao bolero. Abandonou a interessante "Quero que Vá Tudo Para o Inferno", símbolo do período anterior, e consagrou-se a Jesus Cristo. Uma pena, pois embolou numa mesma carreira contribuições originais – andamento mais tarde retomado pelos Titãs – e recaídas freqüentes na via antibossa-nova de Angela Maria e Cauby Peixoto.

Mas, nos quase 30 anos (e mais de 50 discos) que separam o agora velho Roberto daquele jovem triste e revoltado que marcou os anos de chumbo, o artista percorreu um caminho irregular. Quando se presta atenção, aparecem aqui e ali pequenas pérolas, perdidas num mar de bolerice e religião. O disco acústico, gravado em maio de 2001, mostra isso aos que não desistiram de acompanhá-lo pelas "curvas da estrada de Santos".

André Singer

Alguns discos: *É Proibido Fumar* (1964), *Roberto Carlos Canta Para a Juventude* (1964), *Roberto Carlos em Ritmo de Aventura* (1967), *Roberto Carlos Acústico* (2001). **Alguns livros:** A. de Campos, *Balanço da Bossa e Outras Bossas* (1978); M. Fróes, *Jovem Guarda em Ritmo de Aventura* (2000). **Site:** http://robertocarlos.globo.com

Ana Ottoni/FI

RPM

Na história da música brasileira, nenhum conjunto ou cantor teve seus 15 minutos de fama tão rigorosamente cronometrados quanto o RPM e seu vocalista, Paulo Ricardo. O RPM é até hoje o recordista absoluto de vendas de um único disco de música pop, cerca de 2,5 milhões de exemplares de *Rádio Pirata ao Vivo*. Para a geração que viveu a adolescência no início dos anos 80, Paulo Ricardo era, mais do que qualquer outro roqueiro, o mito, o objeto de inveja, o ideal a ser perseguido. Era um típico rapaz de classe média que gostava de música, fazia faculdade e tinha um emprego para pagar as contas. Repentinamente, passou do lado B – o do fã – para o lado A – o do artista. Suas músicas tocavam o tempo todo no rádio, era badalado até por mitos da geração anterior, como Caetano Veloso, e ainda conquistaria a garota dos sonhos de toda a turma, a que merecera o pôster central da revista *Playboy*. Sua vida de *superstar*, no entanto, foi curta como um compacto simples. As vendagens desabaram. A fortuna foi embora em drogas e baladas. Ex-colegas de faculdade de jornalismo – os mesmos que haviam sonhado em ser como ele poucos anos antes – passaram a encontrá-lo com freqüência em salas VIP de shows. Eram raros, no entanto, os que paravam para entrevistá-lo. Sua mulher, Luciana Vendramini, tornada supermodelo, era muito mais badalada. A parábola daria um livro de Nick Hornby.

Examinadas à distância de mais de uma década, canções como "Loiras Geladas", "Alvorada Voraz" e "Olhar 43" não soam melhores nem piores do que a média do rock nacional. Pode-se dizer que são emblemáticas do gênero. Uma pitada de rebeldia, outra de romantismo e uma matriz sonora de rock britânico (assim como os Titãs recorreram ao punk, os Paralamas ao pop caribenho da linha Police e a Legião Urbana ao *country rock*). Com o tempo, o destino e a mudança de gosto tiraram o pop brasileiro do *mainstream*. Renato Russo e Cazuza morreram de Aids, Herbert Vianna recupera-se de um grave acidente, os Titãs choram a perda de Marcelo Fromer, e Lobão tornou-se alternativo por necessidade ou vontade própria. A ótima Cássia Eller também se foi. As rádios preferem o sertanejo, o pagode e o axé. Se o RPM teve 15 minutos de fama, pode-se dizer que o despertador do rock nacional soou apenas meia hora depois. O livro hipotético de Nick Hornby, no entanto, ainda não chegou ao fim. O RPM (que tinha acabado oficialmente em 1989) ensaia uma volta triunfal em 2002.

Terá sucesso? Nas garagens do país, adolescentes com uma guitarra na mão e sonhos de fama na cabeça tentam revitalizar o gênero. Conseguirão? As respostas determinarão se as histórias do RPM e do rock brasileiro constituem parábolas de sucesso ou de fracasso.

João Gabriel de Lima

Discos: *Revoluções por Minuto* (1985), *Rádio Pirata ao Vivo* (1986), *Os Quatro Coiotes* (1988). **Alguns sites:** www.geocities.com/pauloricardo_online/texto/index2 .htm, www.rpm.art.br

Jarbas Oliveira/FI

SEPULTURA

Nem Carmen Miranda, nem Tom Jobim, nem nenhum outro.

Pode até causar calafrios em certa camada culta nacional, mas, já que um livro com um perfil como o deste resolve abrir justo espaço a uma banda como a mineira Sepultura, não dá para segurar o impulso de cravar: está longe de ser leviano apontar o grupo de heavy metal dos irmãos Cavalera como o expoente musical brasileiro mais conhecido no exterior, desde sempre.

Cada um na sua, gosto se discute e tal, mas a constatação acima encontra respaldo em uma horda de milhões de moleques cabeludos (ou nem tanto) que habita a Terra e não pode ser ignorada.

Não tivesse o Sepultura o alcance que teve desde que brotou das ruas de BH nos anos 80, no *ground zero* do Clube da Esquina, esta obra não daria voz a um conjunto que canta em inglês, tem o nome que tem e produz uma música de barulho e violência absurdos, que está para a MPB assim como uma guitarra distorcida está para a flauta doce.

Paradoxo ou não, a banda de Max e Igor e Andreas e Paulo veste a sigla MPB direitinho. Embora não seja sua mais completa tradução, faz música, sim, é extremamente popular e altamente brasileira, uma vez que seu sucesso no exterior veio da fusão inovadora de elementos do Terceiro Mundo com o mais vigoroso som do metal moderno.

Em longos e intensos 20 anos de estrada, o grupo foi desde os mais primitivos shows de *death metal* em decrépitos bares mineiros, onde uma vassoura equilibrava um prato de bateria, até destacadas apresentações nos mais festejados festivais de rock pesado do planeta, em qualquer dos seus cantos, dos EUA ao Japão, da Finlândia ao Rio.

Max Cavalera já tocou guitarra para Caetano Veloso cantar sobre lua e estrela. Carlinhos Brown emprestou tambores tribais ao metal de Max Cavalera e turma, em gravação do mais célebre álbum da dezena de lançamentos que fizeram do grupo um dos mais populares e influentes do rock na década de 90.

Papas do rock pesado, como Ozzy Osbourne (ex-Black Sabbath) e a banda americana Metallica, já cansaram de prestar reverência ao Sepultura. O grupo já foi disco de ouro na Malásia, Polônia e Indonésia. A banda só não é maior hoje que o vil metal corrente porque um dos Cavalera, o guitarrista Max, a abandonou no final de 1996, depois de uma "briga de irmãos".

Mesmo assim, quase não há músico estrangeiro de qualquer vertente do rock que, desde o começo dos anos 90, em toda entrevista concedida à imprensa brasileira pelos mais diversos motivos, não aplique um "Eu conheço Sepultura" quando estimulado a discorrer sobre sua familiaridade com o tema "Brasil".

É isso. Aos olhos estrangeiros, pelo menos se esses olhos, em grande parte, estão numa cabeça cabeluda, de rosto espinhento e semblante levado, o Brasil é sinônimo de futebol, mulher, lindas praias – e Sepultura.

Lúcio Ribeiro

Alguns discos: *Arise* (1991), *Chaos AD* (1993), *Roots* (1996).
Site: www.sepultura.com.br

Folha Imagem

SEVERINO ARAÚJO E ORQUESTRA TABAJARA

A evolução do choro, no Brasil, foi marcada por saltos de forma que modernizaram o som sem provocar a ruptura do estilo. O jazz entrou no choro no início dos anos 30, através de Pixinguinha e da influência de New Orleans. De meados da década em diante, a influência maior foi das *big bands* norte-americanas, de Tommy Dorsey e Duke Ellington. E, especialmente, de Benny Goodman. O balanço do clarinetista ajudou a criar o sincopado no choro brasileiro, com o balanço, a quebra de melodia, a harmonia desconcertante, um ritmo que passa pelo cavaquinho e pelo instrumento de Goodman.

No Brasil, esse período é um dos mais férteis e, paradoxalmente, dos menos conhecidos da história do choro e da MPB. Vai desde o início dos anos 40 até a bossa-nova e produziu a mais sofisticada geração de músicos brasileiros da história.

Dentre os músicos do período, poucos foram tão fundamentais como o maestro Severino Araújo, líder da lendária e até hoje atuante Orquestra Tabajara.

Severino nasceu em Limoeiro (PE), em 1917. Em 1923, começou a estudar música com o pai, mestre de banda. Em 1928, passou a estudar clarinete. Em 1933, já fazia arranjos para a banda de música. E, em 1936, foi para a banda da Polícia Militar de João Pessoa, como primeiro clarinetista e solista. Quatro anos depois, o maestro ingressou na Orquestra Tabajara, fundada em 1933 por Olegário de Luna Freire, inspirado nas *big bands*. Tornou-se assistente do maestro. Olegário morreu em 1938, e Severino assumiu seu lugar.

A formação da Tabajara incluía o maestro, cinco saxofonistas, quatro trombonistas, quatro trompetistas, dois bateristas, dois percussionistas, um pianista, um baixista, um guitarrista e dois *crooners*. O "som" da banda, influenciado por Glenn Miller, consistia na justaposição de saxofone com clarineta, instrumento do mestre.

Em 1945, Severino e sua Tabajara mudaram-se para o Rio de Janeiro. Mas sua base cultural sempre seria a imbatível escola de arranjadores do frevo, o movimento que brota dos becos de Olinda e Recife e se espraia por todo o Brasil.

No Brasil, não houve orquestra que chegasse perto do balanço da Tabajara. Seu som era tão amplo que nele cabiam todos os sons, dos sambas ao choro, do samba-canção à gafieira, do baião a Sinatra. Por sua orquestra passaram *crooners* do nível de Elizeth Cardoso e Jamelão, ao lado de Hélio Paiva, Cila Fonseca, Déo e Bidu Reis.

Ao mesmo tempo que ajudava a alargar a cabeça musical brasileira para os novos sons, Severino produziria a maior inovação do choro no período, uma revolução harmônica e melódica brilhante, em que a imprevisibilidade da melodia, as quebradas, o vai-nãovai que já encantara o mundo através das produções de Walt Disney atingem paroxismos que não envergonhariam Benny Goodman. "Espinha de Bacalhau", maior música do mestre, é um clássico desse estilo e foi composta em 1937.

Profundamente brasileira, a orquestra jamais perdeu a gana da internacionalidade. "No dia em que a Orquestra Tabajara deixar de ser internacional, eu acabo com ela", disse o maestro em entrevista a Wellington Farias. Não há melhor definição para a geléia geral que moldou a música brasileira do que a auto-definição de Severino Araújo: "No Nordeste, eu era o maior 'swingueiro'. Pegava a música brasileira e transformava em *swing*, que era a moda. Quando cheguei aqui para fazer baile, o coração bateu mais forte, o espírito patriota. Aí peguei a música estrangeira e tocava em ritmo de samba".

Luís Nassif

Alguns discos: *Anos Dourados* (1986), *Anos Dourados*, v.2 (1991), *Anos Dourados*, v. 3 (1992), *Tabajara Plays Jobim* (1995), *Tabajara Visita Sinatra* (1996). **Site:** http://cliquemusic.uol.com.br/zbr/severino_araujo_e_orquestra _tabajara.asp

Adriana Elias/FI

SKANK

Foi nas eleições de 1992. A propaganda política do candidato do PT, Patrus Ananias, à prefeitura de Belo Horizonte trazia um hino contestador, mas ao mesmo tempo arejado, com um astral da garotada que freqüentava os botecos da cidade: "Eu fiquei indignado/ Ele ficou indignado/ A massa indignada/ Duro de tão indignado/ A nossa indignação é uma mosca sem asas/ Não ultrapassa as janelas de nossas casas". Os curiosos e mais informados descobriram logo a autoria daquele reggae-protesto com jeito brasileiro. Era o Skank, banda que já acumulava consideráveis fãs na noite da capital mineira.

O Skank veio da banda Pouso Alto, em que Samuel Rosa (voz e guitarra) e Henrique Portugal (teclados) tocavam. Com o fim do grupo, em 1991, a dupla convidou Lelo Zaneti (baixo) e Haroldo Ferretti (bateria) para formarem outra banda, com uma sonoridade que tinha o *dancehall* jamaicano como modelo e a música de Jorge Ben como referência. Estrearam em São Paulo, em um show no Aeroanta para meia dúzia de pessoas. Com o boca-a-boca, passaram a ser uma das atrações mais disputadas pelos bares de Belo Horizonte e, no ano seguinte, lançaram um disco independente com o nome do grupo. Não demorou muito para o Brasil inteiro prestar atenção naqueles caras que só se apresentavam com camisas de times de futebol e em músicas como "Indignação" e "O Homem Que Sabia Demais" , o que despertou o interesse da poderosa Sony Music, que, com o Skank, inaugurou o selo Chaos no país.

De banda independente, o Skank passou rapidamente a um dos principais nomes do cenário pop brasileiro. Seu segundo disco, *Calango* (1994), vendeu mais de 1,2 milhão de cópias e produziu *hits* como "Jackie Tequila" e "Te Ver". O disco seguinte foi ainda mais longe. *O Samba Poconé* (1996) levou o grupo a se apresentar na França, EUA, Chile, Argentina, Suíça, Portugal, Espanha, Itália e Alemanha e emplacou o *single* "Garota Nacional" como o maior sucesso nas rádios brasileiras daquele ano e líder na parada espanhola por três meses. Prova do reconhecimento internacional aconteceu em 1998, quando a banda foi convidada para participar do CD oficial da Copa do Mundo, na França, com a música "É uma Partida de Futebol".

Com seis discos lançados em 11 anos de carreira – discos que, somados, já estão perto de 5 milhões de cópias vendidas –, o Skank é a cara dos anos 90. Como poucos, pôs em prática a consciência de cada canção como *single*. Poderia ter-se acomodado com a sonoridade que colocou a banda como uma das mais bem-sucedidas do país, mas continua experimentando novas fórmulas, adicionando outros elementos, como o rock e a música eletrônica.

Michele Borges da Costa

Discos: *Skank* (1992/93), *Calango* (1994), *O Samba Poconé* (1996), *Siderado* (1998), *Maquinarama* (2000), *MTV Ao Vivo* (2001). **Site:** www.skank.com.br/

Caio Guatelli/FI

TITÃS

Os Titãs criaram, junto com Barão Vermelho, Paralamas do Sucesso, Legião Urbana e Engenheiros do Hawaii, o rock que dominou a cena musical dos anos 80. Com Paulo Miklos, Nando Reis, Marcelo Fromer, Arnaldo Antunes, André Jung, Branco Mello, Sérgio Britto e Toni Bellotto, os Titãs estrearam em 1984 com o disco de mesmo nome, que trazia *new wave*, jovem guarda e reggae. No segundo LP, *Televisão*, André Jung foi substituído pelo baterista Charles Gavin.

A banda deu um salto de qualidade com *Cabeça Dinossauro*, de 1986, um dos melhores discos do rock brasileiro. Seu som ganhou novos timbres de guitarra, percussão e teclado, e se aguçou a crítica social em faixas que demoliam "Igreja", "Polícia", "Família", "Estado Violência" e o capitalismo, como "Homem Primata" e "Dívidas". A ira punk era uma resposta à prisão de Arnaldo Antunes e Toni Bellotto sob a acusação de porte e tráfico de heroína.

O baixista Arnolpho Lima Filho, o Liminha, ex-Mutantes, chamado de nono titã, produziu e tocou nesse em outros discos de impacto: *Jesus Não Tem Dentes no País dos Banguelas*, com *hits* como "Comida" e "Lugar Nenhum"; *Go Back*, registro de show no Festival de Montreux, na Suíça; *Õ Blésq Blom*, em que a base eletrônica coexiste com as vinhetas de Mauro e Quitéria, cantadores populares do Recife. Rock, punk e funk se aliam a letras minimalistas, que dialogam com a poesia concreta de Augusto e Haroldo de Campos, como em "O Pulso": "O pulso ainda pulsa/ O pulso ainda pulsa/ Peste bubônica câncer pneumonia/ Raiva rubéola tuberculose anemia".

Os Titãs deram uma virada para o rock pesado nos anos 90 com *Tudo ao Mesmo Tempo Agora* e *Titanomaquia*, produzido pelo norte-americano de Seattle Jack Endino, responsável pelo som grunge do Nirvana. O poeta-letrista Arnaldo Antunes deixou o grupo em 1992, para seguir uma carreira solo como músico experimental e poeta visual.

Os Titãs alcançaram seu maior êxito comercial com o show *Acústico*, de 1997, mais uma vez com produção de Liminha. Foi, depois de Roberto Carlos, o disco de maior sucesso da MTV, com a expressiva marca de mais de 1,8 milhão de exemplares vendidos. Com instrumentos desplugados e arranjos suaves de cordas e metais, a banda revisitou seus maiores sucessos – "Família", "Marvin", "Flores" – e contou com a participação de notáveis da música brasileira e do pop internacional: Marisa Monte, Rita Lee, Marina Lima, Jimmy Cliff e Fito Páez.

O rock melódico de seu último CD, *A Melhor Banda de Todos os Tempos da Última Semana*, mostra que, se "o pulso ainda pulsa", o faz sem o vigor de seus fortes discos dos anos 80. Mas os Titãs têm sabido sobreviver, por duas décadas, às mudanças da cena musical. Afinal, como dizem em "Comida", a gente não quer só comida, quer também diversão e arte.

Roberto Ventura

Alguns discos: *Cabeça Dinossauro* (1986), *Jesus Não Tem Dentes no País dos Banguelas* (1987), *Õ Blésq Blom* (1989), *Acústico* (1997). **Site:** www.uol.com.br/titas

Ana Ottoni/FI

TOM ZÉ

Tom Zé é um trovador, um poeta irreverente, que critica o sistema e a si mesmo, dobrando o samba e combinando sentidos como nunca. Na busca de outro tom, reinventa também os instrumentos, empregando objetos de casa: o "enceroscópio", o "buzinório", o "HertZé", mais uma coleção de garrafas e cornetas, herança distante de seus estudos com Hans Joachim Koellreutter, Ernst Widmer e Walter Smetak, na Universidade da Bahia.

Desde Irará, onde nasceu em 1936, ele traz na memória o canto das lavadeiras, com seu belo modo abaianado – nítido e cortante, um punhal de cores, com versos curtos e jogos de palavras, acompanhando a angulosidade dos ritmos e acentos da fala.

Tom Zé (nome completo: Antônio José Santana Martins) surgiu na cena nacional em plena onda do tropicalismo. No festival da TV Record de 1968, foi premiado com a música "São São Paulo, Meu Amor"; participara, antes, do disco de manifesto do movimento Tropicália, com "Parque Industrial (*Made In* Brasil)". Logo partiu para experimentos mais radicais ainda, incorporando formas brasileiras tradicionais e recursos da música erudita contemporânea. Sempre com considerável sucesso, até *Todos os Olhos*, de 1973, quando abandonou os circuitos mais badalados, sem deixar de continuar produzindo.

Foi preciso vir alguém de fora, tempos depois, para redescobrir o tom vigoroso do Zé. Deve-se ao ex-líder da banda Talking Heads, David Byrne, seu retorno ao centro das coisas, no início da década de 90, por conta de uma antologia lançada no selo Luaka Bop. O disco lhe rendeu turnês nos EUA e Europa e novo reconhecimento no Brasil.

Em 1997, em parceria com José Miguel Wisnik, Tom Zé compôs *Parabelo*, trilha para o balé do Grupo Corpo. Em 2002, estréia outro balé, *Santagustin* (parceria com Gilberto Assis), para a mesma companhia mineira.

Jogos de Armar (2000) é um caso à parte: uma parceria universal, concretizada num "CD auxiliar" que permite a qualquer um de nós recombinar os módulos instrumentais das canções. A herança da vanguarda da década de 60 – noções como "obra aberta" ou o uso do acaso – ressurge aqui num contexto insólito, traduzida pela irreverência e pelo bom humor de um sábio baiano-paulistano, livre de qualquer pompa – livre, aliás, de tudo: um músico livre. Seus tons, a esta altura, não têm mais começo, nem fim. Mas um propósito continua o mesmo: Tom Zé quer mais da música diante do Brasil.

Inês Bogéa

Alguns discos: *Jogos de Armar* (2000), *Com Defeito de Fabricação* (1999), *The Best of Tom Zé* (1990). **Site:** www.tomze.com.br

Flávio Florido/FI

TRIO MOCOTÓ

Se um grupo soube celebrar a mistura e sintetizar a sonoridade da década de 60, o nome dele é Trio Mocotó. Patronos do que anos mais tarde seria chamado de samba-rock, João Parahyba, Fritz Escovão e Nereu Gargalo de Ouro deram retaguarda rítmica e identidade a Jorge Ben, até então um patinho feio zanzando pelo Beco das Garrafas, o berço da bossa-nova encravado em Copacabana.

Os musicais televisivos paulistas foram a ponte para o hoje Ben Jor começar a freqüentar a boate Jogral, onde o trio dava expediente sete dias por semana, das 21h às 5h – Parahyba adolescente, com o motorista da família (dona de indústria têxtil) à porta para levar o menino ao exame do curso de madureza no Vale do Paraíba, hora e tanto da capital, e voltar no fim do dia para nova jornada.

Instalada primeiro na Galeria Metrópole, depois no número 16 da rua Avanhandava, as duas no centro paulistano, a acanhada Jogral era ponto de convergência de artistas nacionais e estrangeiros de passagem pela cidade na virada dos 60 para os 70. Foi o Beco das Garrafas do suingue brasileiro, travestido em sambalanço, samba-funk, samba-enredo, bossa-nova ou samba-rock – enfim, no cruzamento de *black music* (sambas, funk, jazz) com *rock 'n' roll* à Elvis e sons das grandes orquestras à Bacharach.

"Quem não suinga em geral morre totalmente com a boca cheia de formiga", vaticina Nereu nos arremates de "Swinga Sambaby", faixa de *Trio Mocotó* (1973), segundo disco do grupo – que, junto das turnês internacionais com Jorge Ben e, mais tarde, Vinicius e Toquinho, ajudaria a projetar o Mocotó mundo afora nos idos dos 70, com ecos pelos 90, observados em quantos e quantos *cases* de DJs europeus.

Declaração de princípios da malandragem (jogo de cintura?) e da malícia (o mocotó do nome é referência às, na época, recém-expostas pernas do mulherio adepto da minissaia), os três discos forjados pelo combo entre 1971 e 1975 deram forma à necessidade de respiro em meio à opressiva atmosfera política dominante.

Não sem seus percalços, evidentemente. Que o diga a vaia colossal enfiada ouvido adentro na dobradinha com Jorge Ben em "Charles, Anjo 45", no Festival Internacional da Canção, em 1969. Mal menor, compreensível até, no contexto da batalha política surda-muda em curso – em que a Jogral seria também foco de resistência, como ponto de encontro de artistas e intelectuais.

Curiosamente, o aparente desengajamento político das letras, despretensiosas (será?), não incorreu em patrulhamentos ideológicos. Ajuda, quem sabe, da adoção precoce pelo *Pasquim* já à primeira gravação, para "Coqueiro Verde", de Roberto e Erasmo – registrada por eles, a pedido do Tremendão, para compacto que seria encartado em edição especial do tablóide de esquerda, com a marchinha "Domingo É Dia de Pescaria" do outro lado.

O fato é que três discos nos anos 70 e outro, de retomada (*Samba Rock*, de 2001, 26 anos após interrupção na carreira, como reflexo da avassaladora entrada no país da *disco music*, tida, na época, como responsável pela aposentadoria da música ao vivo na noite), foram o bastante para deixar impressão digital indelével, de sonoridade confundível, sim (quantos viriam depois?), mas inatingível.

E foram tantos os cúmplices de geração naquela seara (que o digam Branca de Neve, Marku Ribas, Boca Nervosa, Luis Vagner ou o único desafeto, Bebeto) que quase se perpetuou a confusão do Trio Mocotó como ícone de um só gênero, chamado samba-rock. Não se trata de renegar. Mas como acomodar aí a marchinha, o ponto de terreiro, o samba-enredo, o sambinha maneiro ou a bossa cheia de balanço, tão presentes?

Pensar que tudo começou porque um cara chamado Jorge Ben achou de tocar seu violão daquele jeito esquisito, tão fora de padrão. E três desvairados foram atrás – se divertir...

Israel do Vale

Discos: *Muita Zorra* (1971), *Trio Mocotó* (1973), *Trio Mocotó – Edição Histórica* (1975/1999, com João Carnavalesco em lugar de João Parahyba), *Samba Rock* (2001, com a formação original). **Site:** www.uol.com.br/triomocoto/hotsite/

Ana Ruth Miranda

VITOR RAMIL

Vitor Ramil (1962-) é a voz mais representativa do Rio Grande do Sul, abrangente na escolha de gêneros e livre dos estereótipos que povoam a cultura gaúcha. A música de Vitor Ramil transita entre os limites da canção urbana e os da milonga, o mais visceral dos gêneros musicais rio-grandenses, evitando os extremos redutores e adquirindo uma rara capacidade de transcender geografias e estéticas.

Fazedor de canções, Vitor Ramil é a expressão rigorosa do *cantor-autor*: suas canções são indissociáveis das inflexões que sua voz assume nas múltiplas leituras que os temas propõem. As canções se iniciam no autobiográfico, atravessam o cotidiano (com olhar amoroso, às vezes irônico) e chegam a associações inusitadas que tanto podem lembrar o barroco italiano ou a literatura norte-americana quanto o escritor argentino Jorge Luis Borges ou o músico rio-grandense Armando Albuquerque (1901-86). As letras têm sempre a palavra poética precisa e são impulsionadas por um claro percurso harmônico que garante a indissolubilidade letra-música.

A produção de Vitor Ramil está ancorada na Estética do Frio, uma idéia ainda em processo formulada por ele, inicialmente, em 1989 e logo materializada na novela *Pequod*, "uma narrativa longa feita de pequenas narrativas articuladas sob a forma da memória". Na Estética do Frio, propõe-se que é necessário ter controle absoluto sobre cada um dos elementos que, na música, têm o poder de significar: "a minha marca deveria estar em todas as partes para estar no todo". Proposta primeiramente em palavras, a Estética do Frio explode em música em *Ramilonga – a Estética do Frio*, um disco unicamente de milongas. Em uma delas, "Milonga de Sete Cidades", estão colocados os seus elementos-síntese: rigor, profundidade, clareza, concisão, pureza, leveza e melancolia.

Dos seis discos de Vitor Ramil, três precedem a formulação da Estética do Frio, mas já a prenunciam na exuberância criativa: *Estrela, Estrela*; *A Paixão de V Segundo Ele Próprio*; e *Tango*. Em seguida, há *À Beça*. São todos discos repletos de canções virtuosísticas no equilíbrio de letra/música e na erudição das referências. Neles, Vitor Ramil cristaliza a individualidade de sua canção, tanto em exemplos definidores próprios ("Loucos de Cara", "Grama Verde", "A Invenção do Olho") quanto na apropriação de outros repertórios ("Joquim", releitura de Bob Dylan). E, depois do mergulho rigoroso de *Ramilonga*, a Estética do Frio internaliza a ancestralidade da milonga para chegar a *Tambong*, um disco transplatino, gravado em Buenos Aires e editado em duas versões (em português e em espanhol). A partir daí, abre-se a percepção que coloca a música de Vitor Ramil não à margem do centro do Brasil, mas no centro de outra história, localizada mais ao sul e ainda em construção.

Celso Loureiro Chaves

Alguns discos: *Estrela, Estrela* (1981), *A Paixão de V Segundo Ele Próprio* (1984), *Tango* (1987), *À Beça* (1996), *Ramilonga* (1997), *Tambong* (2000). **Livro:** *Pequod* (novela, 1995). **Site:** www.vitorramil.com.br/

Maristela Martins/FI

YAMANDÚ COSTA

Precoce e virtuosístico, o violonista Yamandú Costa poderia ter deixado a música escapar por entre seus mil dedos. Mas não se trata de mais um prodígio vítima da própria facilidade.

Notar-lhe a técnica exímia é tão inevitável quanto injusto. Inevitável porque poucos instrumentistas são tão velozes, para citar apenas uma de suas qualidades que mais impressionam. Injusto porque não se trata de competição: a extrema habilidade está a serviço da arte.

Nascido em 1980, de uma família de músicos de Passo Fundo, no Rio Grande do Sul, Yamandú toca desde quando ainda mal tinha envergadura para abraçar o instrumento. Aos 11 anos, aprendeu a ler música. Elegeu o violão de sete cordas. Aos 16, foi elogiado por ninguém menos do que Baden Powell (1937-2000), de quem fez a abertura de um show em Porto Alegre. Aos 21, obteve o reconhecimento da crítica ao ganhar o prêmio Visa de MPB, na categoria instrumental. Saudado como herdeiro de Raphael Rabello (1962-95), Yamandú agradece a comparação com o mais conceituado violonista da geração anterior, mas a rejeita: "Ele era do choro, eu venho do folclore".

Não o deixariam mentir as bombachas que ainda usa, mesmo vivendo no eixo Rio–São Paulo. Artista do Sul profundo, em que ecoam guarânias, chamamés e milongas, Yamandú universaliza o regional. A tradição e o folclore não são simples objetos de reverência: ajudam a traçar uma linha evolutiva musical.

Yamandú (2001), o primeiro disco gravado no Brasil, remete a origens, revela influências, aponta caminhos – e faz tudo isso como quem não quer nada, enquanto envolve o ouvinte num manto sonoro, ao mesmo tempo familiar e inovador. Ao assinar sete das 13 faixas, Yamandú não se encaixa na definição de intérprete que compõe. Trata-se de um compositor, e daqueles que passeiam com naturalidade entre o popular e o erudito. "Chamamé" lembra o melhor Toquinho, com uma melodia que passa pela prova dos nove: é assobiável. "Mariana" é de um lirismo que pede letra de um Chico Buarque. Em "Cristal" e "Galderismo", Yamandú solta o Villa-Lobos em harmonias bachianas – mas um Villa de quem escutou muito Egberto Gismonti.

Em Yamandú, reverberam também o guitarrista de jazz Django Reinhardt (1910-53), o maestro e arranjador Radamés Gnattali (1906-88) e o renovador do tango Astor Piazzolla (1921-92), pequena mostra da diversidade da informação musical por ele processada. Natural, portanto, que em apresentações Yamandú prefira improvisar – com a convicção de que é melhor errar o novo do que acertar o velho.

Oscar Pilagallo

Alguns discos: *Yamandú* (2001); com Lúcio Yanel, *Dois Tempos* (s/d); com Francis Hime, Trio Madeira Brasil e outros, *3º Compasso – Samba e Choro* (2002).

Marlene Bergamo/FI

ZECA BALEIRO

Compositor acostumado a carregar sua caixa de ferramentas acústicas a tiracolo sempre dá dor de cabeça. Vejam o caso desse rapaz. José de Ribamar Coelho Santos, que também atende por Zeca Baleiro, é do tipo encrenqueiro. Se nota um ritmo que não atina, um acorde para boi-bumbá dormir ou uma harmonia com mania de grandeza, vai logo desmontando suas peças e obrigando as engrenagens a ranger noutro tom, noutros trilhos. Quando criança, queria ser caminhoneiro, para velejar na poeira das estradas. Cursou jornalismo e agronomia, será que terminou? Já parou *show* no meio, quebrou violão e xingou o público, por conta de provocações. Maranhense de Arari, perto de São Luís, Baleiro é de 1966, ano meio torto em que, apesar de Pelé, o Brasil não foi tricampeão. Que tem a ver uma coisa com a outra? Nada, exceto a ginga, o drible feliz, o gol de placa. E muita intuição. Signo? Áries, do terceiro decanato, com ascendente em Câncer e lua em Capricórnio. No horóscopo chinês: Cavalo de Fogo. O apelido vem do consumo desenfreado de toda sorte de guloseima. Certa feita, num ímpeto abriu uma confeitaria, a Fazdocinhá – depois fechou. No menu da intuição os pratos eram para ser outros. Baleiro mistura o vulgar e o sofisticado, o arcaico e o moderno, o forró nordestino e o pop americano com o requinte do melhor mestre-cuca. Papo cabeça para o paladar popular. E muito humor. Aliás, os humoristas de mão cheia não estão mais na tevê nem nos jornais. Estão na MPB, dedicando tecno-xaxados a Steven Spielberg e Bill Gates, cruzando rap com baião, Demi Moore com Vera Fischer (vixe!). Baleiro também cruzou a fronteira e agora mora em São Paulo. Costuma ler jornal como se lesse partitura. Em 1995, leu que o ator britânico Stephen Fry, depois das críticas negativas à sua atuação na peça *Cell Mates*, pediu licença e desapareceu de vista. Baleiro compôs *Stephen Fry* a partir desse fato pitoresco. O título do primeiro CD rubrica o ponto-de-interrogação em torno do ator e reforça todas as exclamações provocadas pelo compositor. *Por Onde Andará Stephen Fry?*, de 1997, é ainda seu melhor trabalho. A verdade é que quem estréia subindo ao pódio, como Baleiro fez, corre o risco de jamais bater o próprio recorde. Além de "Salão de Beleza", o CD tem pelo menos outras cinco estrelas: "Mamãe Oxum", com Chico César, "Stephen Fry", "O Parque de Juraci", com Genival Lacerda, "Skap", com Wanderléa lendo trechos de sonetos de Shakespeare, e "Dodói". O *pot-pourri* de traquinagens continua no CD seguinte: *Vô Imbolá*, de 1999. "Pagode Russo", de Luiz Gonzaga e João Silva, com guitarras, baixo e bateria eletrônica, é divertido feito festa de cossaco. Outros pontos altos dessa montanha-russa: "Bienal", com Zé Ramalho, "Piercing", com o grupo Faces do

Subúrbio, e "Samba do Approach", com Zeca Pagodinho. Em 2000, saíram as *Líricas*, terceira coletânea de Baleiro, com balas de todos os tamanhos, cores e sabores. Vale a pena conferir "Babylon", hino do caçador cansado de ser caça, "Nalgum Lugar", poema de e.e. cummings musicado pelo compositor, "Quase Nada", em parceria com Alice Ruiz, e "Você Só Pensa em Grana", espécie de modinha-*rock 'n' roll*. A banda Mandabala e o acaso ajudaram nos arranjos de boa parte das músicas dos três CDs. Já Baleiro quadro-a-quadro compôs a trilha para dois filmes de Joel Yamaji: *Impressões Para Clara* (1998) e *Não Me Deixe Dormir Demais* (1999). Em 2000, outra experiência: a criação da trilha sonora e a atuação no espetáculo *Mãe Gentil*, do coreógrafo Ivaldo Bertazzo. Não é difícil perceber a gritante presença da poesia nos bordados de Baleiro. Segundo comentários, a próxima a ser enfiada nessa trama vai ser Hilda Hilst. Zeca Baleiro também ataca de zagueiro e goleiro, produzindo o – e participando do – CD dos amigos.

Nelson de Oliveira

Alguns discos: *Por Onde Andará Stephen Fry?* (1997), *Vô Imbolá* (1999), *Líricas* (2000), *Pet Shop Mundo Cão* (2002).
Site: www.uol.com.br/zecabaleiro/novo/index.htm

ZECA PAGODINHO

A cerveja geladíssima, companheira inseparável de todas as quimeras, deixa a goela arranhada no ponto certo para o lirismo da malandragem – juras de amor e promessas de regeneração, motes religiosos do samba do bom.

Dai-me cerva que a vida é nada, poderia entoar o personagem.

Jessé Gomes da Silva Filho, caboclo nascido em Irajá (1959), criado em Del Castilho, arrabaldes do Rio de Janeiro, leva a vida, muito vivo, como Zeca Pagodinho. E sabe, como poucos, que essa vida cabe, sem folga, na moral de um aforismo praieiro: "Camarão Que Dorme a Onda Leva", título de um dos seus clássicos iniciais, em parceria com Arlindo Cruz e Beto-sem-Braço.

Filosofia não se aprende no colégio. Por isso, o mais recente álbum do sambista vem com o título sabiamente resignado, cordialidade do contrato social possível (que diabo é isso, menino?!): *Deixa a Vida Me Levar* (2002). E tem uma música que representa a biografia de Zeca Pagodinho: "Tá Ruim, mas Tá Bom". Contradições da escola de Xerém, diria o filósofo mais anjo caído. Donde Xerém vem a ser o aprazível distrito de Duque de Caxias, na Baixada Fluminense. Lá, Zeca mantém o seu quintal, embora tenha mudado – "por causa dos estudos dos filhos" – para a Barra da Tijuca. Meus filhos, meu tesouro, como cantava antigamente Jorge Ben.

Zeca quer saber mesmo é dos seus meninos e da cerveja gelada. Escola de Frankfurt, Crato ou Xerém... tanto faz. Como disse, ao ser indagado, meados dos anos 90, por uma jovem e curiosa repórter em uma entrevista coletiva. A danada queria saber a opinião sobre o estouro do seu samba de roda – coisa típica do povo da zona norte, reza a vã sociologia – na classe média da zona sul carioca. "Minha filha, eu estou preocupado mesmo é com os meus filhos e a minha cerveja gelada", mandou a tese para as cucuias.

Em busca do tempo perdido de Irajá, bolinhos de aipim, como se pronuncia *madeleines* por lá, o homem do partido-alto explica o batismo: "Eu sempre saí num bloco, era o mascote de uma ala chamada 'Ala do Pagodinho'. Daí fiquei conhecido como o Zeca da Ala do Pagodinho. Para Zeca Pagodinho foi só um pulo".

O homem é grande. E sabe que a vida é simples como um copo americano de espumas flutuantes.

Xico Sá

Alguns discos: *Zeca Pagodinho* (1986), *Boêmio Feliz* (1990), *Pixote* (1991), *Samba pras Moças* (1992), *Zeca Pagodinho ao Vivo* (1999), *Água da Minha Sede* (2000). **Site:** www.uol.com.br/zecapagodinho

Bob Wolfenson/Transe

ZIZI POSSI

Nas fantasias infantis de Maria Izildinha Possi, trabalho representava cansaço, tristeza, estresse. É assim que ela entendia o cotidiano das pessoas quando via o pai chegar à noite, na casa do bairro paulistano do Brás, onde nasceu em 1956. A imagem tensa do sustento permaneceu viva durante muito tempo em sua cabeça. Mas, como cantar para ela sempre foi um ato espontâneo e fácil, de extremo prazer, mesmo depois de ter-se transformado na popular Zizi Possi ela demorou para perceber que a pesquisa de repertório, a rotina anual dos estúdios de gravação, os shows e as apresentações em televisão *também* eram trabalho. Só que sem a aura negativa trazida da infância.

Essa satisfação é evidente a cada novo disco ou espetáculo. Zizi nunca se mostra burocrática. Ao contrário, antes de lapidar uma canção, seja a bossa pop "Preciso Dizer que Te Amo", de Dé, Bebel Gilberto e Cazuza, seja a elegia "Modinha", de Tom Jobim e

Vinicius de Moraes, ou o romantismo derramado em italiano de "Ho Capito che Ti Amo", de Luigi Tenco, ela primeiro deixa a música acontecer internamente. Depois pensa nos silêncios, nas divisões das frases, nos timbres a serem impressos. É por esses cuidados que Zizi Possi inscreve-se entre as melhores intérpretes brasileiras.

Também impressiona a maneira com que ela conduz uma carreira iniciada em 1978, com o álbum *Flor do Mal*. Durante dez anos, Zizi saboreou a vaidade das paradas de sucesso, das ondas do rádio e dos programas de televisão, cantando músicas de apelo popular. Em 1989, no entanto, começou a repensar sua posição estética. O primeiro desafio, o embrião da nova fase, aconteceu com o LP *Estrebucha Baby*, no qual registrou *standards* americanos, em inglês e em português, e adornou de melancolia o rock "Meu Erro", *hit* dos Paralamas do Sucesso. Em seguida, reforçou e apurou sua determinada manifestação musical com o disco *Sobre Todas as Coisas*, de 1991. Foi com esse rojão que ela anunciou sua ruptura definitiva com o passado, com a imposição nem sempre conveniente das gravadoras.

A partir de então, o aprimoramento musical de Zizi se tornou cristalino. No final de 1993, a cantora lançou o sofisticado *Valsa Brasileira*, um álbum conceitual que traça com perfeição a união do acústico com o eletrônico. São ligações suaves, em que os versos finais de cada canção se unem aos iniciais da seguinte através de sutis passagens de interpretação. Três anos depois, veio o CD *Mais Simples*, no qual ela interpreta Herbert Vianna na revestida de tristeza "Um Beijo Meu"; ousa se acompanhar por dissonâncias do piano de Jether Garotti Jr. – há uma década seu companheiro musical – no clássico "Eu Quero um Samba", de

Haroldo Barbosa e Janet de Almeida; e se queixa da dor de amar em "Se Meu Mundo Caiu", de José Miguel Wisnik. Daí, aconteceu a fase italiana com os álbuns *Per Amore* (1997) e *Passione* (1998) – quando Zizi Possi presenciou a maior diversificação de gerações em suas platéias –, até o lançamento de *Bossa* (2001), disco em que exerce seu canto elegante, injetando estilo próprio à bossa-nova, sem artificialidade ou passadismo.

Apoenan Rodrigues

Alguns discos: *Estrebucha Baby* (1989), *Sobre Todas as Coisas* (1991), *Valsa Brasileira* (1993), *Mais Simples* (1996) e *Bossa* (2001). **Site:** www.zizipossi.com.br

ÍNDICE ONOMÁSTICO

Abreu, Fernanda, **94-6**
Adnet, Mario, 191
Água de Moringa, 90
Albuquerque, Armando, 284
Alfredo Português, 218
Almeida, Janet de, 297
Alves, Ataulfo, 58, 97, 116
Alves, Edson José, 72n
Alves, Mauricio, 184
Amback, Sacha, 19
Anastácia, 71
Anderson, Jon, 187
Anderson, Laurie, 174
Andrade, Carlos Drummond de, 52
Andrade, Mário de, 52, 180, 245
Andrade, Oswald, 52
Andrade, Renato, **251-2**
Andreas (Kisser, guitarrista do Sepultura), 268
Andrew Sisters, 223
Andy C., 233
Angela Maria, 222, 262
Anjos do Inferno, 223
Antonio Candido, 50
Antonio Cícero, 19, 171, 172
Antonio Maria, 77
Antunes, Arnaldo, **36-7**, 55, 87, 174, 175, 276
Apollo 9, 230
Aquino, João de, 238
Aragão, Jorge, 46, 122
Araújo, Guilherme, 100
Araújo, Severino, **270-2**
Armstrong, Louis, 85, 86
Assumpção, Itamar, 39, **115-7**
Astrud Gilberto, 42
Ayres, Nelson, **214-6**
Azevedo, Geraldo, 22, 83
Azevedo, Nailor (Proveta), 31, **206-8**
Azevedo, Waldir, 172
Babo, Lamartine, 48
Bacalhau, 122
Bach, Johann Sebastian, 107
Baden Powell, 81, 187, 190, 238, 287
Baker, Chet, 45, 153
Bambico, 252
Banda de Macambira, 242
Banda de Pífanos de Caruaru, 104
Banda Mantiqueira, 31, **206-8**
Bandinha do Altamiro, 28
Bando da Lua, 223
Baptista, Arnaldo, 258
Barão Vermelho, 276
Barbosa, Adoniran, 67, 224
Barbosa, Haroldo, 297
Barbosa, Luiz, 48
Barca do Sol, A, 125
Barnabé, Arrigo, 37, **38-41**, 159, 214
Barone, João, 227
Barraqué, Jean, 80
Barreto, Vicente, 239
Barros, Celio, 32
Barros, Theo de, 77, 239
Barroso, Ary, 27, 85, 97, 101
Barroso, Inezita, 244
Bastos, Ronaldo, 187
Bastos, Vânia, 39
Batatinha, 256, 257
Batista, Mercedes, 86
Batista, Wilson, 25, 250
Beatles, 171, 261
Bebel Gilberto, **42-4**, 295
Bebeto, 283
Bellinati, Paulo, 196
Bellotto, Toni, 276
Benson, George, 119, 142
Berg, Alban, 39
Berlin, Irving, 172
Bertazzo, Ivaldo, 87, 292
Beto-sem-Braço, 293
Bezerra, 153
Black Sabbath, 268
Blakey, Art, 211
Blanc, Aldir, **24-6**, 107, 130, 131, 215

Blitz, 94, 95, 151, 155, 227
Boca Nervosa, 283
Boldrin, Rolando, 244
Bom Tom Rádio, 203,
Borba, Emilinha, 138
Borges, Jorge Luis, 284
Borges, Lô, 151, 187
Borges, Márcio, 187
Borghetti, Renato, **253-5**
Boulanger, Nadia, 80
Braga, Leandro, 107
Braguinha, **46-8**
Branca de Neve, 283
Brant, Fernando, 187
Braz, Renato, 152
Brecht, Bertold, 86
Breim, Ricardo, 159
Britto, Sérgio, 276
Bruno E., 233
Buarque, Cristina, 242
Byrne, David, 125, 174, 280
Cabral, Sadi, 138
Calado, Joaquim Antônio da Silva, 27
Calcanhotto, Adriana, **18-20**, 93, 254
Caldas, Silvio, 28
Callas, Maria, 175
Camerata Carioca, 28
Campos, Augusto de, 261, 262, 277
Campos, Haroldo de, 172, 277
Candeia, 175
Canhoto (Nação Zumbi), 203
Capiba, 153
Capinam, 127
Cardoso, Elizeth, 89, 196, 271
Cardoso, Lindembergue, 166
Cariocas, Os, **223-5**
Carlinhos (Época de Ouro), 88, 89
Carlinhos Brown, 37, **54-6**, 57, 64, 174, 175, 256, 257, 268
Carlos Marreta, 218
Carneiro, Geraldo, 98
Carrilho, Altamiro, **27-9**
Carrilho, Maurício, 28, 208
Carter, Benny, 207, 215
Cartola, 46, 107, 116, 121, 175, 194, 217, 222
Carvalho, Beth, **45-7**, 157, 218
Carvalho, Décio, 122
Carvalho, Roberto de, 37, 258
Casaldáliga, d. Pedro, 188
Cascata, 197
Castro, Max de, **180-2**, 233
Cavalcanti, Péricles, 19, 37
Cavalera, Igor, 267, 268
Cavalera, Max, 267, 268
Caymmi, Danilo, 79
Caymmi, Dori, 79, 101, 210, 239
Caymmi, Dorival, 14, **73-4**, 105, 154, 197, 209, 210, 224, 256
Caymmi, Nana, 187, 196, **209-10**
Cazuza, 37, 58, 156, 265, 295
Celestino, Vicente, 28
Cherry, Don, 211
Chico César, **63-5**, 119, 151, 152, 291
Chico Science, 151, 203, 145, 203, 204, 205, 230
Chiquinho do Acordeon, 71
Clark, Lygia, 129
Cliff, Jimmy, 277
Clube da Esquina, 187, 267
Codona, 211, 213
Correia, Alcino, 194
Cortes, Edmundo Villani, 214
Costa, Fernando, 89
Costa, Paulinho da, 119
Costa, Sueli, 239
Costa, Yamandú, 207, 255, **287-9**
Cruz, Arlindo, 46, 293
Cunha, Euclides da, 52
Curupira, 112
d'Ávila, Gilberto, 88
Damásio (Época de Ouro), 89
Davis, Miles, 55, 211
Dé, 295
Demônios da Garoa, **66-7**, 223
Dengue (Nação Zumbi), 203
Déo Rian, 89
Déo, 271
Desmond, Paul, 78

Dias Gomes, 78
Dias, Vital, 227
Diegues, Carlos, 191, 218
Dino (Ira!), 113, 114
Dino Sete Cordas, 88-9
Disney, Walt, 49
Djavan, **68-9**, 72, 107
Doces Bárbaros, 259
Dodô, 200
Dolores Duran, 171
Dom Um Romão, 190
Dominguinhos, **70-2**, 82, 254
Donga, 25
Dorsey, Tommy, 270
Drumagick, 233
Duarte, Mauro, 239
Duncan, Zélia, 13n
Duprat, Rogério, 39, 101
Duran Duran, 187
Dylan, Bob, 285
Eça, Luizinho, 98
Eder, o Rocha (Mestre Ambrósio), 184
Edi Rock, 249
Eicher, Manfred, 80
Elis Regina, 78, 107, 119, 131, 187, 201, 238, 261
Eller, Cássia, 13n, **57-9**, 257, 265
Ellington, Duke, 270
Endino, Jack, 277
Engenheiros do Hawaii, 254, 276
Época de Ouro, **88-90**, 174
Erasmo Carlos, **91-3**, 101, 162, 261, 283
Espírito Santo, Arismar do, 207
Eumir Deodato, 187
Everly Brothers, 227
Evora, Cesaria, 125
Faces do Subúrbio, 292
Faria, César, 14n, 88-9
Farias, Reginaldo, 79
Farias, Wellington, 272
Fatos Reais, 232
Fawcett, Fausto, 95
Ferreira, Roque, 256
Ferretti, Haroldo, 273
Fialho, Otavio, 59
Fidélis, 199
Fitzgerald, Ella, 86
Fonseca, Cila, 271
Foster, Stephen, 119
Four Aces, 227
Frampton, Peter, 171
Fred Zero Quatro, 151, 152, 203
Freire, Olegário de Luna, 271
Frejat, 37
Fritz Escovão, 281
Fromer, Marcelo, 265, 276
Fry, Stephen, 291
Fuleiro, 122
Fundo de Quintal, 122
Gabriel, Peter, 187, 212
Gal Costa, **100-2**, 122, 127, 128, 170
Galdelman, Léo, 254
Galo Preto, 90
Galvão, Walnice Nogueira, 25
Gandelman, Salomea, 124
Gang 90, 151
Garganta Profunda, 50
Garoto, 106, 107
Garotti Jr., Jether, 296
Garrincha, 86
Gaspa, Ricardo, 114
Gavin, Charles, 114, 276
Gieco, Leon, 255
Gil Jardim, 32
Gil, Gilberto, 24, 37, 53, 68, 71, 100, 101, **103-5**, 122, 128, 151, 168, 170, 175, 186, 187, 211, 227, 256, 257, 259, 262
Gillespie, Dizzy, 215
Gilmar (Nação Zumbi), 203
Gira (Nação Zumbi), 203
Gismonti, Egberto, **80-1**, 125, 126, 167, 212, 213, 288
Glass, Philip, 167, 174
Gnatalli, Radamés, 98, 190, 288
Godoy, Amilson, 214
Gomes, Milton, 166
Gomes, Toninho, 66
Gonçalves, Dercy, 110

Gonzaga, Luiz, 21, 70, 71, 82, 104, 142, 254, 291
Goodman, Benny, 270, 272
Gordurinha, 256
Grande Otelo, 86
Grupo Corpo, 37, 132, 149, 167, 280
Guarnieri, Gianfrancesco, 77, 78, 79
Gudin, Eduardo, 239, 240
Guedes, Beto, 187
Guerra, Ruy, 77, 78, 98, 188
Guerra-Peixe, César, 251
Guimarães, Marco Antônio, 188; e Uakti, **165-7**
Guineto, Almir, 46
Guinga, 25, 26, **106-8**, 208, 215, 239
Hamlin, Jesse, 118
Hancock, Herbie, 55, 187
Henfil, 131
Herzog, Vladimir, 131
Herzog, Werner, 188
Hilst, Hilda, 292
Hime, Francis, 14n, **97-9**, 239, 289
Holanda, Chico Buarque de, 14, 24, 45, **60-2**, 64, 67, 68, 77, 79, 83, 87, 98, 107, 152, 168, 187, 197, 202, 215, 222, 224, 242, 245, 288
Holiday, Billie, 175
Horta, Toninho, 187, 210
Huol, Ivan, 55
Ice Blue, 249
Inkspots, 227
Ira!, **113-4**
Isca de Polícia, 116
Itiberê Orquestra Família, 112
Jabor, Arnaldo, 212
Jackson do Pandeiro, 21, 257
Jacob do Bandolim, 88-9
Jacobina, Nélson, 145
Jaffè, Marcelo, 216
Jaguaribe Carne, 63, 64
Jamelão, 218, 271
Jards Macalé, 101, **127-9**
Jarmusch, Jim, 212
Jesus, Clementina de, 110, 116
João Bosco, 25, 26, 68, 89, **130-2**
João Carnavalesco, 283
João da Guabiraba, 154
João de Barro, *ver* Braguinha
João Donato, 37, **133-5**, 187, 190, 224
João Gilberto, 14, 19, 43, 52, 55, 78, 105, 107, **136-7**, 139, 141, 160, 171, 199, 209, 261
Jobim, Tom, 14, 45, 52, 73, 75, 77, 79, 98, 101, 119, 124, 125, 126, 171, 209, 210, 221, 224, 238, 239, 245, 295
Johnny Alf, **138-40**
Jones, Quincy, 119
Jorge Ben Jor, 37, 68, 104, **141-3**, 162, 230, 250, 274, 281, 282, 283, 294
Jorge du Peixe (Nação Zumbi), 203
Jorge Filho (Época de Ouro), 89
Jorginho (Época de Ouro), 2
Jorginho do Pandeiro, 89
Joyce, 13n
Jung, André, 114, 276
KL Jay, 249
Klein, Jacques, 80
Kleiton & Kledir, 254
Koellreutter, Hans Joachim, 166, 190, 279
Koloral, 233
Krupa, Gene, 211
L.S.D. (Luz Som Dimensão), 68
Lacerda, Benedito, 27
Lacerda, Genival, 291
Lamento Negro, 203
Lara, Ivone, 116, **121-3**, 218, 257
Laufer, 95
Leão, Nara, 144, 168, 175, 190, 209
Lee, Rita, 172, 201, **258-60**, 277
Legião Urbana, 265, 276
Leminski, Paulo, 37, 117
Lenine, 12, 14, 37, 107, 119, **150-2**, **239**
Lennon, John, 163
Leno e Lílian, 18
Leporace, Vicente, 66
Lia de Itamaracá, **153-4**Lima, Carlos, 154
Lima, Marina, 37, 93, 155, **171-3**, 277
Liminha, 277
Lindsay, Arto, 37, 174
Lins, Ivan, **118-20**

Lira Paulistana, 116
Lobão, **155-7**, 163, 265
Lobo, Edu, **77-9**, 152, 215, 239
Lobo, Fernando, 77, 78
Loustal, 203
Lucio (Nação Zumbi), 203
Luis Vagner, 283
Luiz Melodia, 13n
Lurie, John, 212
Luz, Moacyr, 26
Lyra de Arion, 27, 28
Lyra, Carlos, 190, 224
Mabuse, 203
Machado, Duda, 127
Mahamadou, Sena Mbaye el Hadji, 64
Maia, Ramilson, 233
Maia, Tim, 75, 162, 175, 227
Maita, Luísa, 72n
Mandabala (banda), 292
Manhattan Transfer, 167
Mano Brown, 249
Mano Décio da Viola, 122
Mansur, Marcelo, 163
Maracatu Nação Pernambuco, 184
Márcia, 240
Maria Bethânia, 22, 100, 101, 122, **168-70**
Mariano, César Camargo, 210
Marky, 232, 233
Martinho da Vila, 13n
Martins, Herivelton, 197
Martins, Victor, 119
Matogrosso, Ney, **220-2**
Mauro e Quitéria, 277
Mautner, Jorge, **144-6**
Mazinho Lima, 184
Medalha, Marília, 78
Medeiros, Elton, 13n, 239
Mehmari, André, **30-2**
Meirelles, Helena, **109-10**
Mello, Branco, 276
Melo Neto, João Cabral de, 52
Mendes, João, 78
Mendes, Sergio, 42, 78, 190
Menescal, Roberto, 190
Mesquita, Custódio, 138
Mesquita, Evandro, 95
Mess, Arícia, 152
Mestre Ambrósio, 22, **183-5**
Mestre Pintado do Bongô, 55
Metallica, 268
Metalúrgica Filipéia, 64
Metheny, Pat, 187, 212
Miklos, Paulo, 276
Miller, Glenn, 271
Mingus, Charles, 76
Miranda, Carmen, 48, 175, 201, 220, 222, 223
Miranda, Marlui, **177-9**
Miranda, Nina, 64
Miúcha, 43, 242
Monarco, **193-5**
Monk, Thelonious, 133, 134, 135
Monte, Marisa, 37, 55, 89, 93, 125, **174-6**, 277
Moraes Moreira, 101, 175, **198-200**
Moraes, Chiquinho de, 107
Moraes, Davi, 37
Moraes, Vinicius de, 24, 77, 98, 130, 191, 209, 282
Moreira da Silva, 250
Moreira, Airto, 190
Morelenbaum, Henrique, 124
Morelenbaum, Jaques, 107, **124-6**
Morelenbaum, Paula, 125, 126
Motta, Ed, **75-6**, 106
Motta, Nelson, 162, 163, 174, 210
Moura, Paulo, 174, 190
Moura, Tavinho, 187
Mourão, Túlio, 188
Mowat, Will, 64
MPB-4, 224
mundo livre s.a., 231
Mutantes, 103, 104, 162, 164, 259, 262
Nação Zumbi, 145, **203-5**, 230
Nando Cordel, 71
Nascimento, Milton, 151, 167, **186-8**, 197, 210, 212, 224, 245, 252
Nasi, 113, 114
Nat King Cole Trio, 138

Nazareth, Ernesto, 81
Nelson Cavaquinho, 19, 45, 46, 47, 107, 217
Nelson Maleiro, 55
Nelson, Oliver, 211
Nelson Sargento, **217-9**
Neres, 153
Nereu Gargalo de Ouro, 281
Neves, Oscar Castro, 190
Nirvana, 277
Nó em Pingo d'Água, 90
Nóbrega, Antonio Carlos, **33-5**, 215
Nogueira, João, 239, 240
Nogueira, Zé, 107, 191
Noite Ilustrada, 242
Nosso Choro, 242
Nova Banda, 125
Novos Baianos, 198, 199, 200
Nunes, Clara, 107, 122
Oiticica, Hélio, 129
Oliveira, Dalva de, 97
Oliveira, Paulo Benjamim de, 193
Oliveira, Silas de, 122
Orla Orbe, 203
Orquestra Experimental de Repertório, 31
Orquestra Jazz Sinfônica, **214-6**
Orquestra Popular de Câmara, 196
Orquestra Silvio Mazzuca, 207
Orquestra Sinfônica do Estado de São Paulo (Osesp), 31
Orquestra Sinfônica do Recife, 184
Orquestra Sinfônica do Teatro Municipal do Rio de Janeiro, 125
Orquestra Tabajara, **270-2**
Osbourne, Ozzy, 268
Osmar, 200
Oswaldinho do Acordeon, 71
Otto, 152, **229-31**
Ozzetti, Dante, 159
Ozzetti, Ná, 39, 149, **201-2**, 245
Pacheco, Diogo, 215
Paes, Luiz Arruda, 214
Páez, Fito, 277
Paiva, Hélio, 271
Parahyba, João, 233, 281, 283
Paralamas do Sucesso, Os, **226-8**, 276, 296
Pascoal, Hermeto, 64, 106, **111-2**, 254
Patápio *ver* Silva, Patápio
Patife, **232-4**
Paulinho da Viola, 14, 88, 89, 116, 153, 172, 175, **235-7**, 242
Paulo (Jr., baixista do Sepultura), 268
Paulo Ricardo, 264-5
Pedro Osmar, 63
Pedro Raimundo, 71
Pedro Sertanejo, 71
Peixoto, Cauby, 262
Pena Branca, **244-6**
Pena Schmidt, 114
Pereira, Cyro, 214
Pereira, Geraldo, 25, 250
Pereira, Marco, 255
Peterson, Oscar, 86
Piaf, Edith, 58
Piazzolla, Astor, 288
Pimentel, Spensy, 249
Pinduca, **247-8**
Pinheiro, Leila, 26, 107, 215
Pinheiro, Paulo César, 98, 107, 197, **238-40**
Pixinguinha, 27, 48, 81, 97, 116, 175, 239
Police, 265
Pontes, Dulce, 125
Ponto de Partida, 188
Porter, Cole, 107
Portugal, Henrique, 273
Possi, Zizi, **295-7**
Pouso Alto (banda), 273
Premeditando o Breque, 39
Pro Arte Antigua, 125
Proveta, *ver* Nailor Azevedo
Purim, Flora, 190
Quarteto Jobim-Morelenbaum, 125
Quarteto Livre, 212
Quarteto Novo, 112
Quatro Ases e Um Curinga, 223
Queiroga, Lula, 151, 152
Quinteto Armorial, 33
Quinteto Villa-Lobos, 32
Quinteto Violado, 83, 184

Rabello, Raphael, 239, 288
Racionais MCs, **249-50**
Ramalho, Elba, 22, **82-4**
Ramalho, Zé, 22, 83, 291
Ramil, Vitor, **284-6**
Raul Torres e Florêncio, 247, 248
Regional do Canhoto, 28
Reichenbach, Carlos, 120
Reinhardt, Django, 288
Reis, Bidu, 271
Reis, Mario, 48
Reis, Nando, 58, 175, 276
Renato L., 203
Rennó, Carlos, 64, 256
Reze, Sérgio, 32
Riachão, **256-7**
Ribas, Marku, 283
Ribeiro, Bi, 226, 227
Ribeiro, Rita, 151, 152
Ribeiro, Roberto, 122
Risério, Antonio, 104
Ritchie, 155, 163
Roberto Carlos, 18, 69, 91-2, 101, 102, 162, 175, **261-3**, 277, 283
Robeson, Paul, 190
Rocha, Glauber, 52, 145
Rodrigues, Virgínia, 13n
Ronaldo (Época de Ouro), 89
Ronaldos, 155
Rosa, Arnaldo, 66
Rosa, João Guimarães, 52, 110
Rosa, Noel, 25, 48, 61, 101, 107, 130, 193, 194
Rosa, Samuel, 273
Rosa, Walter, 194
RPM, **264-6**
Rufino, Nelson, 256
Ruiz, Alice, 292
Rumbaiana, 55
Rumo, 39, 158, 159, 161, 202
Russel, Leon, 255
Russo, Renato, 58, 156, 227, 265
Sakamoto, Ryuichi, 125, 126
Salles Jr., Walter, 174, 212, 218
Salles, Milton, 249
Salmaso, Mônica, 31, **196-7**
Salomão, Waly, 19, 127, 128
Santos, Agostinho dos, 187
Santos, Lulu, 155, **162-4**
Santos, Moacir, **190-2**, 208, 215
Santos, Paulo Sérgio, 107
Santos, Sérgio, 239, 240
Santos, Turíbio, 106
Sapaim, cacique, 80
Sardinha, Aníbal Augusto, 107
Sater, Almir, 254
Satie, Erik, 107
Saúde, 153
Scandurra, Edgard, 37, 113, 114
Schönberg, 39
Scliar, Esther, 124
Secos & Molhados, 220
Sepultura, **267-9**
Sérgio Ricardo, 22, 78
Severino Filho, 223
Shearing, George, 138
Shorter, Wayne, 187
Siba (Mestre Ambrósio), 184
Silva, Abel, 101
Silva, Antenógenes, 71
Silva, Ismael, 116
Silva, João, 291
Silva, Orlando, 28
Silva, Patápio, 27
Silveira Sampaio, 146
Silveira, Jussara, 148, 149
Silveira, Orlando, 71
Silver, Horace, 191
Simon, Paul, 167, 187
Simonal, Wilson, 182
Sinhô, 48
Sivuca, 71, 89, 239, 254
Skank, **273-5**
Smetak, Walter, 166, 279
Soares, Elza, **85-7**, 148, 149, 175
Sombra e Sombrinha, 46
Sombrinha, 122
Sosa, Mercedes, 254

Souza, Herbert de, 131
Souza, Tárik de, 78
Stein, Luiz, 95
Sting, 125
Stravinski, Igor, 81
Stroeter, Rodolfo, 197
Suassuna, Ariano, 33-4
Subotic, Mitar, 43
Subúrbio, 113
Sujeito a Guincho, 32
Suzano, Marcos, 150, 152
Swingle Singers, 224
Tagliaferri, Fábio, 159
Talking Heads, 212, 280
Tamoio e Tupi, 28
Tapajós, Maurício, 240
Tata Fernandes, 64
Tatit, Luiz, **158-61**, 202
Taylor, James, 187
Teatro Brincante, 34
Tenco, Luigi, 296
Tendler, Silvio, 188, 261
Tião Carreiro, 252
Timbalada, 55
Tinoco, 244, 245
Tiso, Wagner, 187, 188, 210
Titãs, 18, 36, 37, 114, 125, 262, 265, **276-8**
Toca (Nação Zumbi), 203
Tom Zé, 100, 149, 199, 199, 256, 257, **279-80**
Toni (Época de Ouro), 89
Tonico, 244
Toninho Ferragutti, 71, 72n
Tony Mola, 55
Toquinho, 282
Torquato Neto, 128
Trinca de Ases, 90
Trio Madeira Brasil, 289
Trio Mocotó, 55, **281-3**
Trio Nordestino, 257
Trovadores Urbanos, 242
Tutti Frutti, 258
Tutty Moreno, 31, 32
U2, 212
Uakti, **165-7**, 187
Vale, Flausino do, 251
Valença, Alceu, **21-3**, 83, 107
Valente, Assis, 198
Vandré, Geraldo, 61, 212
Vanzolini, Paulo, **241-3**
Vasconcelos, Helder, 72n, 184
Vasconcelos, Naná, 174, 186, **211-3**
Vaughan, Sarah, 138, 187
Velha Guarda da Portela, 175, 193, 195
Veloso, Caetano, 24, 40, **51-3**, 55, 66, 86, 87, 100, 101, 104, 124, 125, 126, 128, 142, 144, 145, 168, 169, 170, 175, 187, 245, 256, 257, 262, 264, 268
Vendramini, Luciana, 265
Venturini, Flávio, 187
Vianna, Herbert, 101, 226, 227, 228, 265, 296
Vianna, Hermano, 95
Vianninha (Oduvaldo Vianna Filho), 78
Villa-Lobos, Heitor, 52, 81, 98, 106, 119, 181, 212, 221, 288
Vímana, 155, 163
Virginia Rosa, 242
Voz do Morro, A, 218
Walcott, Collin, 211
Wanderléa, 100, 291
Weill, Kurt, 86
Widmer, Ernst, 166, 279
Williams, Tony, 211
Winter, Edgar, 255
Wisnik, José Miguel, 87, **147-9**, 159, 280, 297
Wonder, Stevie, 171
Xavantinho, 245, 246
Xerxes, 233
Xis e Dentinho, 58
Yamaji, Joel, 292
Yanel, Lúcio, 289
Zaneti, Lelo, 273
Zé do Rancho, 252
Zé Kéti, 67
Zeca Baleiro, 151, 152, **290-2**
Zeca Pagodinho, 46, 122, 292, **293-5**
Zimbo Trio, 89

SOBRE OS AUTORES

Adriana Pavlova é jornalista de *O Globo* e autora de *Coreografia de uma Década – o Panorama RioArte de Dança* (2001) e *Maria Olenewa* (2001).

Aimar Labaki é dramaturgo e roteirista, autor de *A Boa* (1999), entre outras peças. Para a série "Folha Explica", escreveu *José Celso Martinez Corrêa* (no prelo).

Alcino Leite Neto é correspondente da *Folha de S.Paulo* em Paris e editor do site *Trópico*.

Alice Ruiz é autora de *Vice Versos* (1988) e *Desorientais* (1996), entre outros livros. Parceira de Arnaldo Antunes, Alzira Espíndola, Chico César, Zeca Baleiro e outros.

Alvaro Machado é colaborador da *Folha de S.Paulo,* autor de *A Sabedoria dos Animais* (1995) e tradutor de *A Linguagem dos Pássaros*, de Amaru (1987).

Amir Labaki é diretor do festival de documentários É Tudo Verdade, articulista da *Folha* e colunista do *Valor Econômico*. Autor de *2001* ("Folha Explica", 2001).

Ana Miranda é autora de *Boca do Inferno* (1989), *A Última Quimera* (1995) e *Noturnos* (2000), entre outras obras. É irmã de Marlui Miranda.

André Singer é jornalista e professor de ciência política na USP. Autor de *Esquerda e Direita no Eleitorado Brasileiro* (2000) e *O PT* ("Folha Explica", 2001).

Antonio Gonçalves Filho é repórter especial da revista *Época* e autor de *Schubert* (1988) e *A Palavra Náufraga* (2001).

Apoenan Rodrigues foi repórter da *Status* e repórter e crítico musical da *IstoÉ* e do *Jornal do Brasil*. Atualmente, é editor de cultura da *IstoÉ*.

Arthur Nestrovski é professor da PUC-SP, articulista da *Folha de S.Paulo* e editor da Publifolha. Autor de *Notas Musicais* (Publifolha, 2000), entre outros livros.

Bernardo Ajzenberg é autor de *A Gaiola de Faraday* (2002) e *Variações Goldman* (1998), entre outros livros. É atualmente o ombudsman da *Folha de S.Paulo*.

Bia Abramo é jornalista, professora de jornalismo nas Faculdades de Campinas (Facamp) e colaboradora da *Folha de S.Paulo*.

Carlos Calado é crítico musical e autor de *Tropicália – a História de uma Revolução Musical* (1997) e *O Jazz Como Espetáculo* (1990), entre outros livros.

Carlos Eduardo Lins da Silva é diretor-adjunto de redação do *Valor Econômico* e autor de *Mil Dias* (1989) e *O Marketing Eleitoral* ("Folha Explica", 2002).

Carlos Haag é editor de cultura do *Valor Econômico*.

Carlos Rennó é letrista e jornalista, produtor de *Cole Porter e George Gershwin – Canções, Versões* (2001) e organizador de *Gilberto Gil – Todas as Letras* (1996).

Cassiano Elek Machado é repórter do caderno "Ilustrada", da *Folha de S.Paulo*, onde escreve desde 1996.

Cássio Starling Carlos é editor do caderno "Folhateen", da *Folha de S.Paulo*. Foi editor-adjunto da "Ilustrada", do "Mais!" e de "Especiais", no mesmo jornal.

Celso Favaretto é professor de estética na USP e autor de *Tropicália – Alegoria Alegria* (1979/2000) e *A Invenção de Hélio Oiticica* (1992/2000).

Celso Loureiro Chaves é diretor do Instituto de Artes da UFRGS. Gravou, entre outros CDs, *Uma Idéia de Café – a Música Para Piano de A. Albuquerque* (2001).

Cynthia Gusmão é roteirista, produtora e apresentadora da rádio Cultura FM de São Paulo. Escreve também para a revista *Bravo!*.

Edson Franco é editor dos cadernos "Veículos" e "Construção" na *Folha de S.Paulo*.

Edson Natale é gerente do núcleo de música do Instituto Itaú Cultural e autor do *Guia Brasileiro de Produção Cultural* (2002).

Eliane Robert Moraes é professora de literatura na PUC-SP e autora, entre outros trabalhos, de *Sade – a Felicidade Libertina* (1995).
Eugênio Bucci é colunista da *Folha de S.Paulo* e do *Jornal do Brasil*. Escreveu *Brasil em Tempo de TV* (1996) e *Sobre Ética e Imprensa* (2000).
Fernando Bonassi, escritor e dramaturgo, é colunista da *Folha de S.Paulo* e autor de *Passaporte* (2001) e *As Melhores Vibrações* (Publifolha, 2002), entre outros.
Fernando de Barros e Silva é jornalista. Atualmente, é editor do caderno "Brasil" da *Folha de S.Paulo*.
Fernando Paixão é editor e poeta. Seu terceiro livro de poemas, *Poeira*, ganhou em 2001 o prêmio da Associação Paulista de Críticos de Arte.
Gilson Schwartz é professor visitante do IEA-USP, colaborador da *Folha de S.Paulo* e autor de *Profissões do Futuro* ("Folha Explica", 2000), entre outros.
Heitor Ferraz é jornalista e autor dos livros de poesia *Resumo do Dia* (1996), *A Mesma Noite* (1997) e *Hoje Como Ontem ao Meio-Dia* (2002).
Helena Katz é crítica de dança do jornal *O Estado de S. Paulo* e professora do programa de comunicação e semiótica da PUC-SP.
Heloisa Fischer é diretora da VivaMúsica!, agência de comunicação especializada em música clássica, e editora do *Guia VivaMúsica!*.
Inês Bogéa é crítica de dança da *Folha de S.Paulo*, autora de *O Livro da Dança* (2002) e organizadora de *Oito ou Nove Ensaios Sobre o Grupo Corpo* (2001).
Irineu Franco Perpetuo é colaborador da *Folha de S.Paulo* e co-autor, com Alexandre Pavan, de *Populares & Eruditos* (2001).
Isabel Lustosa é pesquisadora da Casa de Rui Barbosa (Rio de Janeiro) e autora de *Insultos Impressos* (2000), *Nássara* (1999) e *Brasil Pelo Método Confuso* (1993).

Israel do Vale é editor-adjunto da "Ilustrada", da *Folha de S.Paulo*. Foi editor da revista *Palavra* e co-produtor do festival Eletronika Telemig Celular (MG).

João Bandeira publicou *Princípio da Poesia* (1991) e *Rente* (1997). É autor de "Atenção" (com Arnaldo Antunes e Alice Ruiz), entre outras canções.

João Carlos Rodrigues, jornalista e pesquisador, é autor de *João do Rio: uma Biografia* (1996) e *O Negro Brasileiro e o Cinema* (2001).

João Gabriel de Lima é autor de *O Burlador de Sevilha* (2000) e *Instrumentos Musicais Brasileiros* (1993) e editor especial da *Veja*.

João Luiz Sampaio é repórter do "Caderno 2" de *O Estado de S. Paulo*.

José Geraldo Couto é colunista da *Folha de S.Paulo* e autor de *André Breton – a Transparência do Sonho* (1984) e *Brasil: Anos 60* (1988), entre outros livros.

José Roberto Torero é escritor, roteirista, colunista da *Folha de S.Paulo* e autor de *O Chalaça* (1994), *Terra Papagali* (1997) e *Os Vermes* (2000), entre outros livros.

Juarez Fonseca é crítico de música desde 1972. Produziu vários discos, entre eles um de Borghetti (1988). Autor de *Gildo de Freitas, o Rei dos Trovadores* (1985).

Lauro Lisboa Garcia é editor-assistente da *Época*. Antes disso, trabalhou em *O Estado de S. Paulo*, *Jornal da Tarde* e *IstoÉ*, entre outras publicações.

Livia Garcia-Roza é psicanalista e escritora, autora de *Cartão-postal* (1999) e *Cine Odeon* (2001), entre outros livros.

Lorenzo Mammì é professor da USP, crítico de música e de arte e autor de *Alfredo Volpi* (1999) e *Carlos Gomes* ("Folha Explica", 2001), entre outros.

Lucia Santaella, professora titular de comunicação e semiótica na PUC-SP, é autora de *Matrizes da Linguagem e Pensamento* (2001), entre outros livros.

Lúcio Ribeiro é jornalista da *Folha de S.Paulo* e colunista da *Folha Online*, especializado em cultura pop.

Luís Nassif é membro do conselho editorial da *Folha de S.Paulo*. Escreveu *O Menino do São Benedito* (2001) e gravou o CD solo *Roda de Choro* (1995).

Luiz Henrique de Toledo é professor no depto. de ciências sociais da Universidade Federal de São Carlos e autor de *Lógicas no Futebol* (2002), entre outros.

Lya Luft é autora de *As Parceiras* (1980), *A Sentinela* (1994), *Secreta Mirada* (poesia, 1997) e *Histórias do Tempo* (2000), entre outros livros.

Manoel Beato é *sommelier* do restaurante Fasano (São Paulo).

Marcos Augusto Gonçalves foi editor da "Ilustrada" e do "Mais!", na *Folha de S.Paulo*. Atualmente, é diretor editorial do *Lance!*.

Marcos Marcondes é o editor da *Enciclopédia da Música Brasileira* (Art Editora/Publifolha, 3ª ed., 2000; 1ª ed., 4 v., 2000).

Maria Betânia Amoroso é professora de teoria literária na Unicamp e autora de *A Paixão Pelo Real – Pasolini e a Crítica Literária* (1997).

Maria Rita Kehl é psicanalista, escritora e poeta, autora de *Processos Primários* (poemas, 1996) e *Sobre Ética e Psicanálise* (2002), entre outros livros.

Mario Cesar Carvalho é repórter especial da *Folha de S.Paulo* e autor de *O Cigarro* ("Folha Explica", 2002), entre outros livros.

Mario Sergio Conti é repórter da *Folha de S.Paulo*. Foi diretor de redação da *Veja* e do *Jornal da Brasil* e é autor de *Notícias do Planalto* (1999).

Mauricio Stycer é editor de cultura da revista *CartaCapital*. Antes disso, trabalhou na *Folha de S.Paulo*, *Jornal do Brasil, O Estado de S. Paulo*, *Lance!* e *Época*.

Mauro Bedaque Ferreira é diretor do *Jornal da MTV* e autor de *Minuto Quente* (1997), *A Tempestade na Curva da Estrada* (1998) e *O Bar da Lua Azul* (2001).
Mauro Dias trabalhou nos jornais *O Dia*, *Última Hora* e *O Globo*. Há 14 anos é repórter da área de cultura e crítico de música de *O Estado de S. Paulo*.
Michele Borges da Costa é editora-adjunta do caderno "Magazine" do jornal *O Tempo* (Belo Horizonte).
Milton Hatoum é autor dos romances *Relato de um Certo Oriente* (1989) e *Dois Irmãos* (2000).
Moacyr Scliar, um dos escritores brasileiros mais traduzidos, é autor de 57 livros, incluindo *A Linguagem Médica* ("Folha Explica", 2002).
Mônica Waldvogel é editora-chefe e apresentadora do *Fala Brasil* (Rede Record) e participa do *Saia Justa* (GNT). É colunista de política de várias publicações.
Myriam Taubkin, produtora musical, é idealizadora de projetos como *Violeiros do Brasil*, *Percussões do Brasil* e, em 2002, *O Brasil da Sanfona*.
Nelson de Oliveira, escritor, é autor de *Naquela Época Tínhamos um Gato* (1998), *Subsolo Infinito* (2000) e *O Filho do Crucificado* (2001), entre outros livros.
Noemi Jaffe é professora de literatura no Colégio Equipe (São Paulo) e autora de *Macunaíma* ("Folha Explica", 2001), entre outras publicações.
Nuno Ramos, artista plástico e escritor, é autor de *Cujo* (1993) e *O Pão do Corvo* (2001), entre outros trabalhos.
Oscar Pilagallo, editor do caderno "Sinapse", da *Folha de S.Paulo*, é autor de *A História do Brasil no Século 20* (5 v., "Folha Explica", 2002-3), entre outros livros.
Paquito, compositor gravado por Bethânia, Jussara Silveira e Daniela Mercury, co-produziu os CDs *Diplomacia*, de Batatinha, e *Humanenochum*, de Riachão.

Pasquale Cipro Neto apresenta programas na TV Cultura e é colunista de vários jornais (inclusive *Folha*) e autor de *Inculta e Bela* (Publifolha), entre outros livros.
Patricia Palumbo é jornalista. Produz e apresenta o programa *Vozes do Brasil* (rádio Eldorado-SP) e é autora do livro de entrevistas *Vozes do Brasil* (2002).
Paulo Nascimento Verano é editor-assistente da Publifolha e mestrando em comunicação pela Escola Superior de Propaganda e Marketing (São Paulo).
Pedro Alexandre Sanches é repórter e crítico musical da *Folha de S.Paulo* e autor do livro *Tropicalismo – Decadência Bonita do Samba* (2000).
Peter Pál Pelbart é professor de filosofia na PUC-SP e autor, entre outros livros, de *O Tempo Não-reconciliado* (1999) e *A Vertigem por um Fio* (2000).
Regina Porto compôs *Metropolis São Paulo* (Prix Ars Acustica, 2001) para a rádio Westdeutsch Rundfunk. Termina um livro sobre H.J. Koellreutter.
Renata Lo Prete é repórter especial da *Folha de S.Paulo*. Foi ombudsman do jornal de 1998 a 2000.
Renato Janine Ribeiro é professor de ética e filosofia política na USP e autor de *A Democracia* e *A República* ("Folha Explica", 2001), entre outros livros.
Renato Roschel é pesquisador do Banco de Dados da *Folha de S.Paulo* e produtor das seções "Música" e "Autores" do site *Almanaque*.
Roberto Muylaert dirige a RMC Editora, que produz, entre outras revistas, a *Ícaro Brasil*. É autor de quatro livros, entre eles *Marketing Cultural* (1993).
Roberto Ventura foi professor de teoria literária na USP. Escreveu *Casa-Grande e Senzala* ("Folha Explica", 2000) e *Os Sertões* ("Folha Explica", 2002), entre outros livros.
Rodrigo Naves é historiador da arte e autor de *A Forma Difícil* (1996) e *O Filantropo* (ficção, 1998), entre outros livros.

Ruy Castro é autor de *Chega de Saudade* (1990), *Ela É Carioca* (1999) e *A Onda Que Se Ergueu no Mar* (2001), entre outros livros.

Samuel Araújo é professor de etnomusicologia na Escola de Música da UFRJ, com publicações no Brasil e no exterior sobre samba e música brasileira.

Samuel Titan Jr. é editor-assistente da Cosac & Naify e tradutor.

Sérgio Alcides, poeta, é autor de *O Ar das Cidades* (2000) e *Nada a Ver com a Lua* (1996).

Sérgio Augusto é jornalista de *O Estado de S. Paulo*, *Bravo!* e *Pasquim 21*. Autor de *Este Mundo É um Pandeiro* (1989), *Cancioneiro Jobim* (2000) e *Lado B* (2001).

Sérgio Dávila é correspondente da *Folha de S.Paulo* em Nova York e colunista do UOL. Foi editor da "Ilustrada" entre 1996 e 2000.

Sergio Salvia Coelho é crítico de teatro da *Folha de S.Paulo* desde 2001 e autor da peça *Só, Ifigênia, sem Teu Pai* (2002).

Sidney Molina é membro do quarteto de violões Quaternaglia e professor da FAAM, em São Paulo. Gravações: *Forrobodó* (2000), entre outras.

Silvana Arantes é repórter do caderno "Ilustrada" da *Folha de S.Paulo*.

Sonia Sobral é gerente do núcleo de artes cênicas do Itaú Cultural. Co-criadora do Rumos Dança e da *Cartografia da Dança: Criadores-intérpretes Brasileiros* (2002).

Soninha Francine foi redatora e produtora da MTV Brasil de 1990 a 2000, apresentando o *Território Nacional*. Colunista da *Folha*, é comentadora da ESPN.

Tárik de Souza é crítico musical do *Jornal do Brasil*, dirige a coleção "Todos os Cantos" e é autor de *Som Nosso de Cada Dia* (1983), entre outros livros.

Walnice Nogueira Galvão é professora de teoria literária e literatura comparada da USP e autora de

Guimarães Rosa ("Folha Explica", 2000), entre outros.

Xico Sá é repórter especial da *Folha de S.Paulo* e editor do site de crônicas de costumes *O Carapuceiro* (www.uol.com.br/carapuceiro).

Yudith Rosenbaum é professora de literatura brasileira na USP e autora de *Clarice Lispector* ("Folha Explica", 2002), entre outros livros.

Zuza Homem de Mello é jornalista e produtor, autor de *A Canção no Tempo* (com J. Severiano, 1997-8) e *João Gilberto* ("Folha Explica", 2001), entre outros.

AGRADECIMENTOS

A julgar pela experiência de editar este livro, pode-se dizer que poucos assuntos nos apaixonam tanto, neste dia e hora do Brasil, quanto a música popular. Foram raros os autores convidados e amigos consultados que não vociferaram contra a ausência de um ou outro artista, ou a inclusão de um terceiro. Mas todos ajudaram generosamente a organizar o livro; e fico muito grato por suas sugestões.

Meus agradecimentos mais especiais vão, como sempre, para Inês Bogéa, por todos os motivos. Inclusive pela música popular brasileira hoje.

A.N.

FOLHA EXPLICA

Folha Explica é uma série de livros breves, abrangendo todas as áreas do conhecimento e cada um resumindo, em linguagem acessível, o que de mais importante se sabe hoje sobre determinado assunto.

Como o nome indica, a série ambiciona *explicar* os assuntos tratados. E fazê-lo num contexto brasileiro: cada livro oferece ao leitor condições não só para que fique bem informado, mas para que possa refletir sobre o tema, de uma perspectiva atual e consciente das circunstâncias do país.

Voltada para o leitor geral, a série serve também a quem domina os assuntos, mas tem aqui uma chance de se atualizar. Cada volume é escrito por um autor reconhecido na área, que fala com seu próprio estilo. Essa enciclopédia de temas é, assim, uma enciclopédia de vozes também: as vozes que pensam, hoje, temas de todo o mundo e de todos os tempos, neste momento do Brasil.

1 MACACOS — Drauzio Varella

2 OS ALIMENTOS TRANSGÊNICOS — Marcelo Leite

3 CARLOS DRUMMOND DE ANDRADE — Francisco Achcar

4 A ADOLESCÊNCIA — Contardo Calligaris

5 NIETZSCHE — Oswaldo Giacoia Junior

6 O NARCOTRÁFICO — Mário Magalhães

7 O MALUFISMO — Mauricio Puls

8 A DOR — João Augusto Figueiró

9 CASA-GRANDE & SENZALA — Roberto Ventura

10 GUIMARÃES ROSA — Walnice Nogueira Galvão

11 AS PROFISSÕES DO FUTURO — Gilson Schwartz

12 A MACONHA — Fernando Gabeira

13 O PROJETO GENOMA HUMANO — Mônica Teixeira

14 A INTERNET — Maria Ercilia
15 2001: UMA ODISSÉIA NO ESPAÇO — Amir Labaki
16 A CERVEJA — Josimar Melo
17 SÃO PAULO — Raquel Rolnik
18 A AIDS — Marcelo Soares
19 O DÓLAR — João Sayad
20 A FLORESTA AMAZÔNICA — Marcelo Leite
21 O TRABALHO INFANTIL — Ari Cipola
22 O PT — André Singer
23 O PFL — Eliane Cantanhêde
24 A ESPECULAÇÃO FINANCEIRA — Gustavo Patú
25 JOÃO CABRAL DE MELO NETO — João Alexandre Barbosa
26 JOÃO GILBERTO — Zuza Homem de Mello
27 A MAGIA — Antônio Flávio Pierucci
28 O CÂNCER — Riad Naim Younes
29 A DEMOCRACIA — Renato Janine Ribeiro
30 A REPÚBLICA — Renato Janine Ribeiro
31 RACISMO NO BRASIL — Lilia Moritz Schwarcz
32 MONTAIGNE — Marcelo Coelho
33 CARLOS GOMES — Lorenzo Mammì

34 FREUD — Luiz Tenório Oliveira Lima

35 MANUEL BANDEIRA — Murilo Marcondes de Moura

36 MACUNAÍMA — Noemi Jaffe

37 O CIGARRO — Mario Cesar Carvalho

38 O ISLÃ — Paulo Daniel Farah

39 A MODA — Erika Palomino

40 ARTE BRASILEIRA HOJE — Agnaldo Farias

41 A LINGUAGEM MÉDICA — Moacyr Scliar

42 A PRISÃO — Luís Francisco Carvalho Filho

43 A HISTÓRIA DO BRASIL NO SÉCULO 20 (1900-1920) — Oscar Pilagallo

44 O MARKETING ELEITORAL — Carlos Eduardo Lins da Silva

45 O EURO — Sílvia Bittencourt

46 A CULTURA DIGITAL — Rogério da Costa

47 CLARICE LISPECTOR — Yudith Rosenbaum

48 A MENOPAUSA — Silvia Campolim

49 A HISTÓRIA DO BRASIL NO SÉCULO 20 (1920-1940) — Oscar Pilagallo

50 MÚSICA POPULAR BRASILEIRA HOJE — Arthur Nestrovski (org.)

Este livro foi composto nas fontes Bembo
e Geometr 415 e impresso em setembro
de 2002 pela Bandeirantes Indústria Gráfica S/A,
sobre papel offset 75 g/m², com
fotolitos fornecidos pela Publifolha.